闲暇游戏：润泽儿童诗意人生

李继东　陈小琴　冯兵 / 主编

河海大学出版社
·南京·

图书在版编目（CIP）数据

闲暇游戏：润泽儿童诗意人生 / 李继东，陈小琴，冯兵主编． -- 南京：河海大学出版社，2022.8
ISBN 978-7-5630-7237-8

Ⅰ．①闲… Ⅱ．①李… ②陈… ③冯… Ⅲ．①游戏课－教学研究－小学 Ⅳ．① G623.82

中国版本图书馆 CIP 数据核字（2021）第 212600 号

书　　名	闲暇游戏：润泽儿童诗意人生 XIANXIA YOUXI：RUNZE ERTONG SHIYI RENSHENG
书　　号	ISBN 978-7-5630-7237-8
责任编辑	龚　俊
特约编辑	梁顺弟
特约校对	丁寿萍
封面设计	张育智　刘冶
出版发行	河海大学出版社
地　　址	南京市西康路 1 号（邮编：210098）
网　　址	http://www.hhup.com
电　　话	（025）83737852（总编室）　（025）83722833（营销部）
经　　销	江苏省新华发行集团有限公司
印　　刷	三河市兴国印务有限公司
开　　本	710 毫米 ×1000 毫米　1 / 16
字　　数	319 千字
印　　张	19.75
版　　次	2022 年 8 月第 1 版
印　　次	2022 年 8 月第 1 次印刷
定　　价	58.00 元

主　　编：李继东　陈小琴　冯　兵
编写人员：石潇潇　蒋小波　冒晓燕
　　　　　徐科雄　周亚兰　谢肖艳
　　　　　缪　芳　张爱华　蔡小燕
　　　　　曹淋淋　顾明明

前言 Foreword

理想教育的应然

安定小学李继东校长带领学校老师扎实推进基于教学主张的教育变革，取得了喜人的办学成绩和育人效果。摆在我面前的这9本专著的样稿，既是他们集体智慧的结晶，也是研究实践成果的集中展示，更是我市教育百花园中绽放的绚烂之花。翻阅着这些书稿，我心中不断涌动着汩汩暖流，正是像他们这样可亲可敬的教师，托起了如皋教育高质量发展的新引擎。我更从书中找到了备受关注又常议常新的话题，那就是"如皋教育为什么行，为什么能，为什么好"的答案，也更坚定了我从事教育工作以来一贯的坚守与追求，那就是我们的教育要始终坚持把立德树人作为根本任务，力求合规律性与合目的性的有机统一。

"规律"，是事物发展过程中的本质联系和必然趋势。教育的"合规律性"，是指我们认识到了教育的内在规律，使教育教学实践活动自觉遵循和符合客观规律的要求，自觉按照规律采取相应的策略和方法，它体现了人的主体性、自觉能动性，也集中展示了教育的科学性和艺术性。无论是古老的《学记》，还是历代中外教育家的教育思想，乃至广大一线教师的研究成果，无不闪烁着教育规律的光芒。马克思在《〈黑格尔法哲学批判〉导言》中指出："理论一经掌握群众，也会变成物质力量。理论只要说服人，就能掌握群众；而理论只要彻底，就能说服人。所谓彻底，就是抓住事物的根本。但人的根本就是人本身。"在这9本书里，我看到了教育规律转变成了育人的力量，品读出了教育规律的彻底性，感受到了被教育规律"说服""掌握"的师生的喜人生态。因为"乐嬉游而惮拘检"是儿童甚至人的天性，因为"对孩子来说，游戏就是学习，游戏就是劳动，游戏就是重要的教育形式"。教育规律,在安定小学,在如皋大地,不再是"灰色的",而是常青树、常春藤。

"目的",是人的需要、意图或行动的目标。教育的"合目的性",是指教育者认识和把握了教育的规律性,在实践中能够按照客观规律达到理想目标的过程。古今中外,每个国家都是按照自己的政治要求来培养人的。我国是中国共产党领导的社会主义国家,这就决定了我们的教育必须把培养德智体美劳全面发展的社会主义建设者和接班人作为根本任务,要传播知识、传播思想、传播真理,塑造灵魂、塑造生命、塑造新人,要在坚定理想信念、厚植爱国主义情怀、加强品德修养、增长知识见识、培养奋斗精神、增强综合素质上下功夫。安定小学的这9本书,多元化的课程,展现的是"五育并举、综合育人"的生动实践;菜单化的选择,让马克思人的发展阶段中的"有个性的个人"成为可能。书中文字的背后,呈现在我眼前的是一个个活泼的儿童,是焕发生命活力的现在与未来。

育人的实践,永远在路上;改革的探索,永远没有终点。秉承安定先生引领教育改革的遗风,我相信:安定小学将会摘取立德树人更为丰硕的创新成果,必将为如皋乃至市外教育高质量发展贡献更大的智慧和力量。

我们共同期待!

如皋市委教育工委书记
如皋市教育局局长　　**郭其龙**

闲暇游戏：润泽儿童诗意人生

Contents 目录

第一章　课程综述 1
第 1 节　"闲暇游戏"的内涵解读 2
第 2 节　"闲暇游戏"的价值意蕴 10
第 3 节　"闲暇游戏"的实施原则 13

第二章　游戏在课间午后 17
第 1 节　传统游戏推介 18
　　　　益智类游戏 18
　　　　运动类游戏 36
　　　　语言类游戏 60
第 2 节　原创游戏 71
　　　　低年级游戏 71
　　　　中年级游戏 96
　　　　高年级游戏 111
第 3 节　学生游戏习作 123

第三章　嬉戏在大自然中 ········ 211

第 1 节　玩在四季 ········ 212
第 2 节　嬉耕园的故事 ········ 261

第四章　共戏在亲子之间 ········ 277

第一章
课程综述

第1节 "闲暇游戏"的内涵解读

胡适先生说:"一个人的前程,全靠他怎样利用闲暇时间,闲暇定终生。"

"闲暇",是指人们谋生以外可以自由支配、消磨的时间。"闲暇教育",是指教会人们利用闲暇的时间去充实自己的生活,发展自己的兴趣本领以及如何有价值地、明智地利用闲暇时间发展个性的教育。

一、闲暇教育的历史追溯

我国闲暇教育具有悠久的历史,前人闲暇教育的探索历程,从社会发展的角度给我们启发与深思。

1. 古代零散的闲暇教育思想

在人类社会的早期,人们接受的教育就是在生活与劳动中学习生存技能。随着社会阶级的演变分化,逐渐产生了"有闲阶级",即统治阶级,还有"劳动阶级",即被统治阶级。被统治阶级接受的是在劳动中学习生存技能,而统治阶级则在学校中接受闲暇教育。2000多年前,《学记》中有"藏息相辅原则"的记载:"藏焉,修焉,息焉,游焉。""教必有正业,退息必有居。"也就是说,既要有正课的学习,也要有自习和一些课外活动,做到有张有弛,学习变成学生的一种内在需要,学生在这样的过程中体验到劳逸结合的愉悦。这恰与闲暇教育的精神不谋而合。

休闲的思想在《诗经》中也有丰富的表现,如"朝吟风雅颂,暮唱赋比兴,秋看鱼虫乐,春观草木情"。后来,我国的休闲文化又受到"老庄"思想的影响。不光其生活态度,还有其境界。紧随休闲思想经典之作《庄子》的,是陶渊明怡然自得的生活追求,他在《桃花源记》中描述的"世外桃源"是中国人所向往的社会,其名句"采菊东篱下,悠然见南山"更表现了中国人对亲和大自然的休闲文化的追求。另外，中国文人的休闲，常伴有琴棋书画诗酒茶和佳人。他们的闲暇生活具有艺术性，李白、杜甫、苏东坡等诗人的诗词，王羲之、颜真卿闻名天下的行书作品都是在闲暇时创作的。

2. 近代闲暇教育的消失

鸦片战争给近代中国带来创伤，中国人尤其当时的知识分子意识到"西学"的重要性，提出"师夷长技以制夷"。学校的课程中把自然科学逐渐放到主导地位。在社会发展过程中，人们更加感受到自然科学对社会经济发展的推动作用。改革开放之后，经济建设被作为中心工作。其在学校课程中的反映，就是自然科学成了"主课"，而音乐、体育、美术、各种活动课程等闲暇教育，在课程设置中常常受到忽视。老师们对于人文类学科里关于生活的意义、生存的价值等思想，也就不愿意花费时间去深入。教师、学生、家长们目光盯着高考成绩与孩子的就业，教育也和"饭碗"相联系，因此也似乎忘记了除了吃饭，生活里还有更多有意义、有意趣的事情。

3. 当代教育再度关注闲暇

20世纪以来，工业与科技的快速发展，让工作时间缩短，人们逐渐拥有了闲暇时光。虽然马克思说过，可以自由支配的时间，就是财富本身，可是人们并没有通过利用多出来的闲暇时间，去真正提高自己的生活质量。关于闲暇时间的运用，我们要重新思考。滥用闲暇时间去上网、吃喝、打牌，就是真正的闲暇吗？现在，闲暇教育问题逐渐得到大家的重视。学者于光远先生研究闲暇学，他指出"在中国的高等院校中没有研究游戏的课程，没有一门游戏的专业，没有一位研究游戏的学者，这不是什么优点而是弱点"，同时他还提出"玩是人类基本需要之一，要玩得有文化，要有玩的文化，要研究玩的学术，要掌握玩的学术，要掌握玩的技术，要发展玩的艺术"。在他的倡导下，闲暇教育重新回归大家的视野。因此，重视闲暇教育，重视玩的质量，也是教育亟待解决的问题。

二、"闲暇游戏"的课程构想

关于闲暇的思想，最早可追溯到亚里士多德。他认为闲暇代表着"可支配的时间"以及"不受约束"，使人们有时间沉思，能带来真正的快乐。林语堂也在《生活的艺术》一书中，有专门论闲暇的篇章："我认为文化本来就是空闲的产物，所以文化的艺术就是悠闲的艺术。"

真是如此吗？古今中外有很多这样的例证。我国古代可没有职业书法家。王羲之、颜真卿和苏轼，书法都只是他们每天的一个闲暇之娱。《兰亭集序》《祭侄文稿》《黄州寒食诗》这天下排名一、二、三的行书，其实只是他们练习时的草稿，欣赏过的都知道，里面有错字和删改。

国外，许多学者和思想家也都是用业余时间著书立说的，他们闲暇的成就远比职业出色。荷兰哲学家斯宾诺莎以磨镜片谋生；英国哲学家密尔著有经典《论自由》，且在哲学、经济学和政治思想史上都很有建树，其谋生职业是公司秘书；从事商业和法律工作的美国人类学家亨利·摩尔根，其著作《古代社会》曾影响了达尔文、弗洛伊德等大家。没有闲暇，就没有这些大名鼎鼎的人物。

因此，英国哲学家罗素在《悠闲颂》里的观点，我们特别认同："休闲培植了艺术，发现了科学，产生了各种著作，发明了哲学，改进了社会关系。"

那是否也应该让学生有闲暇去做喜欢的事情，去发现自己的兴趣、能力和未来的无限可能性呢？

学生的"闲暇"时间，就是学习之外的生活时间，有课间、午间的碎片时光，也有节假日的大把时间，还有晚间的时光。事实上，学生的"闲暇"时间普遍又在怎样度过呢？这也是很多家长和专家担忧的问题。有反映孩子闲暇时间迷恋电子产品的，有觉得孩子无所事事的，有感叹现在的孩子相比过去的自己显得不会玩的，有的干脆给孩子报上满满的辅导班。

游戏是学生童年的生活与学习方式，学生喜欢游戏，也在游戏中收获成长。让"游戏"与"闲暇"组合，从游戏的角度来开发学生的闲暇时间，是学生能接受的，也是学校教育能找到的最佳育人路径。

"闲暇游戏"课程，划分为三个层面：课午间的游戏、对话自然的游戏、家庭亲子游戏（见下图）。针对当前问题，试图从各种传统的、原创的、学科的游戏入手，让孩子在闲暇时光里真正玩起来，并且玩得快乐，玩得健康，玩出情趣，玩出品味，甚至在将来玩出名堂。

```
● 课午间的游戏 ── 传统游戏推荐
                 原创游戏设计
● 对话自然的游戏 ── 玩在四季
                 嬉耕园的故事
● 家庭亲子游戏 ── 亲子游戏20例
```

以充满情趣的游戏涵养童年，这是学校课程在时间点上的向外延伸，是对学生闲暇时间的特别规划与引领。

三、"闲暇游戏"的内容实施

"闲暇游戏"课程，从时间角度划分为三个层面："课午间的游戏""对话自然的游戏""家庭亲子游戏"，其具体内容丰富多彩，各具特色。

（一）课午间的游戏，做出情趣味儿

课午间的游戏，两个走向，一是挖掘传统游戏，二是设计原创游戏。

1. 挖掘传统游戏

游戏是人类发展的童年史。几千年来，中国流传着一些富有特色的传统游戏，比如：打角螺、弹弓、滚铁环、看西洋镜、丢手绢……再比如：七巧板、九连环、下围棋……又比如：翻花绳、剪纸、折纸……这些游戏既有身体运动类的，又有智力博弈类的，还有通过锻炼人以期达到心灵手巧类的。

其实，很多诗歌文学就诞生于闲暇的游戏中。翻阅书籍，发现古人很懂得享受闲暇，在闲暇时的消遣可谓花样繁多。可以焚香：春郊射雉朝盘马，秋院焚香夜弄琴；可以品茗：倾城美色竞群芳，品茗斗酒擅欢场；可以听雨：半夜思家睡

里愁，雨声落落屋檐头；可以踏雪：孤舟蓑笠翁，独钓寒江雪；可以望月：海上生明月，天涯共此时；可以酌酒：呼儿将出换美酒，与尔同销万古愁；可以赏花：采菊东篱下，悠然见南山；可以寻幽：曲径通幽处，禅房花木深；可以抚琴：独坐幽篁里，弹琴复长啸……

这些具有乡土气息的或即将失传的游戏，带孩子按表演类、运动类、棋牌类、语言类等一起去挖掘出来，在玩的过程当中也是一种对传统文化的传承，也同时体会到古人雅致淡泊的生活情趣。

2. 设计原创游戏

学生是聪慧、好奇，富有想象力的，他们不会满足于只玩传统游戏，他们可以成为游戏的设计者。从学段分，让低、中、高三个学段的孩子自己参与设计游戏或改编游戏，并且将自己的游戏进行发布，教会伙伴怎样玩。学生在思考、设计、创编游戏的过程中，在制作游戏玩具的过程中，在用图文或口头表达教会伙伴玩耍的过程中，思维、表达、动手制作等多种能力都得到了锻炼。一个会自己设计创编游戏的孩子，他的情商、智商、才商都是不得了的。还有什么能比设计并发布一个游戏更锻炼人的各方面能力的呢？而那过程又是那样使他们乐在其中。

（二）对话自然的游戏，长出诗意味儿

有专家说："上100堂知识课不如带孩子亲近大自然。""孩子的心智具有一种发展序列，首先是触觉，然后是嗅觉、味觉、听觉、视觉……皮肤是生命最具灵性的部分，除了母亲的抚触，让孩子的皮肤可以尽早亲近大自然的阳光、风、草石、溪水等是必需的。自然蕴含的信息是丰富且生动的……"大自然能发展和完善学生生命智慧的饱满度。

1. 对话自然，玩在四季

对话自然的游戏，是引领学生走进自然，在自然里放牧童心，舒展身体，享受与自然的对话和拥抱。课程按季节分主题："春草如茵""夏花绚烂""秋叶飘舞""冬雪纷飞"。我们设计了下图的学习单，让孩子走出家门，走进自然，去发现与大自然相关的游戏话题，收上来一看，惊喜连连。你给了孩童一把钥匙，他为你打开了一座充满惊喜的百花园。

"对话自然"的游戏

儿童应该放养到大自然里去，让他们与花鸟虫鱼、风花雪月对话。他们会变成大自然里的精灵，放牧思想，自由游戏！玩起来吧，抓"螺"、打水漂、滑草、踩水花、寻找蚕耳朵、打雪仗、芦苇口哨、爬树、狗尾草扮猫、玉米须理发师、挖螃蟹……

游戏名称： _____

游戏准备： _____

游戏地点： _____

游戏过程：（根据自己擅长的形式表达，可以图文并茂，可以自己附纸。）

真正带孩子去做，就会有收获、惊喜。春天里，孩子们采柳枝编发环，做煎饼，看小蚂蚁搬家，用嫩苇叶做变声的口哨；夏日里，他们在池塘边打水漂，钻进田野给玉米须理发，在雨天里踩水花儿；秋日里，他们爬树，下落叶雨，采菊泡茶；冬日里，他们打雪仗、滑冰……一朵花，一片叶，一滴雨，一粒石子，都是他们在大自然里的密友，他们在得到自然界的滋养和呼应里变得灵气四溢，生动活泼！

2. 嬉耕园的故事

学校操场外围，有一块长方形的闲置的土地。我们将它划分为四块，对学校82个班级进行招标。班级在班主任带领下，给园子取名，给为期一年的种植制订种植计划书，然后参加招标。以下是"中标"的四个班级取的园子名字，你一定能从中感受到他们对园子的憧憬。

园名：小蜜蜂园地

在这片绿意盎然的园地，小蜜蜂们在希望中摸索，在忙碌中成长，在汗水中收获。小蜜蜂飞过的地方，留下来的，是芳香和甜蜜……

——一（4）班

园名：青青园

其名出自《长歌行》"青青园中葵，朝露待日晞"。这是一片希望的园地，晶莹的朝露在阳光下闪烁。学习如耕种，有付出，才有收获。

——二（9）班

园名：东篱轩

东篱下，阡陌上，操场一隅。赏白云，听鸟鸣。种菜，种豆，种希望；品景，品味，品人生。

——三（5）班

园名：半亩芳园

其名源于朱熹的《观书有感》："半亩方塘一鉴开，天光云影共徘徊。问渠那得清如许？为有源头活水来。"半亩大的园子，记录着耕作和收获，也见证着青苗般的孩子多彩的童年，人生增添一分芳香，则能提供源源不断的成长力量。

——五（6）班

学生们在四位班主任的带领下，与嬉耕园一起经历了开耕、播种、收获的美好历程。

开耕之初，班主任提交耕作规划书。因为是以游戏精神去耕种，嬉耕园比普通的农耕园就多了学生视角的美丽色彩。

从园子外观上看，嬉耕园有风车走道、曲径通幽的石子路、养兔子的"广寒宫"、采摘区、休闲区……这里是一个美好且诗意的童话世界。

从耕种模式上看，嬉耕园以劳动为主线，同时，以劳育德、以劳启智、以劳健体、以劳尚美，五育融合，培养学生全面发展。比如，让孩子根据他们定的主题去奇思妙想地耕种园子，为园子制作"麻辣名片"，为园子收获的瓜果蔬菜举办农贸市场集会。

从学生收获来看，孩子通过在园子里劳动，树立了正确的价值观念，如：劳动才有收获，热爱劳动、热爱劳动人民，学会与别人合作……孩子在园子里锻炼了身体，培养了审美情趣，锤炼了耐挫能力，训练了表达能力……收获远远超过预期。

（三）家庭亲子游戏，玩出情感味儿

亲子间的游戏，是交给家长的指引棒，引领家长多同孩子一起玩，在玩的过程中增进感情，增长智慧，一同收获。不会玩的家长，我们也给他提供了亲子游戏20例。有心理专家做过调研，家长与孩子的家庭相处模式不和谐的居多，鸡飞狗跳型的、循环唠叨型的、各得其乐型的（人手一机）……而亲子游戏，可以拉近亲子间的关系，可以为家庭教育创设良好的氛围，还可以让孩子找到自己的兴趣爱好，培养他们表达、动手、思维等多种能力，更有益于身心发展。

"闲暇游戏"课程，旨在实现引导学生以闲启智、以闲育德、以闲养性、以闲尚美……"闲暇游戏"，应当成为童年的生活艺术课程。

第2节 "闲暇游戏"的价值意蕴

玩儿,是有价值的。

18世纪,思想家席勒提出了"剩余精力说":"只有当人在充分意义上是人的时候,他才游戏;只有当人游戏的时候,他才是完整的人。"如何把闲暇转化为个性化发展的资源,让游戏捍卫童年、滋养童年,引导学生以闲启智、以闲育德、以闲养性、以闲尚美呢,让我们一起来发掘"闲暇游戏"的价值。

一、"闲暇游戏"有利于促进学生的身心发展

"闲暇游戏"形式多样,内容丰富,是促进学生身心全面协调发展的有效手段。

身体方面,通过组织有计划、有规律、有系统的"闲暇游戏",并认真实施,可以有效地促进学生在身体动作方面的协调性发展,有效促进学生大小肌肉的灵活性发展,有效促进骨骼的发育,并提升儿童动作和神经系统的协调能力,从而促进学生身体的健康成长。

心理方面,"闲暇游戏"既是学生喜欢的活动,又是促进学生形成社会认知的重要途径。实施"闲暇游戏"课程,从某种程度上满足了学生的需要。学生在游戏的过程中,通过身体动作与民间歌谣的配合,有益于提升其记忆力;利用已有材料创编出新玩法,有益于发展其想象力和创造力;在学生与学生合作的游戏中,也能培养其倾听能力和语言表达能力。另外,在活动过程中,学生之间积极配合、商讨游戏形式或讨论活动时要遵守的规则,有助于提高社会交往能力,以及磨炼他们不畏艰苦的意志品质,从而塑造出学生良好的个性。

二、建构"闲暇游戏"课程是当今课程改革的需要

当今的课程改革体现了"以人为本"的价值理念,学校课程改革特别强调以学生的兴趣、爱好为基础,遵循年龄特征和个别差异性的原则,构建真正有利于

学生可持续发展的课程教育。

和谐发展的课程，已成为当今世界课程改革的基本共识。在此共识下，"闲暇游戏"课程应该注重知识技能的文化性、多样性、价值性、相对性、情境性、生成性及动态性，肯定知识是变化、开放的，重视人的体验过程。

"闲暇游戏"课程构建的目标是让学生获得幸福的童年生活和促进学生身心和谐发展；课程内容是贴近学生生活和经验的生活常识和生活技能；课程组织形式以学生喜爱的"闲暇游戏"为主；课程评价以学生根据自己制定和遵守游戏规则的情况进行评价，要求以发展的眼光看待学生，以过程性评价为主。

"闲暇游戏"课程的实施中包含了很多学生的自主性元素。显然，建构学生"闲暇游戏"课程是当今课程改革的需要。

三、建构"闲暇游戏"课程有利于优秀传统文化的传承

哲学家卡西尔认为，我们的人类活动，从本质上来说是一种"符号"或"象征"活动，在这样的活动中，建构起文化的世界。而优秀的传统文化，是一个民族在长期积淀中形成的。"闲暇游戏"在这种文化的传承和创新过程中，成为我国优秀传统文化的重要组成部分，且在一定程度上体现了独特的儿童文化价值。儿童文化是孩子表现他们与生俱来的兴趣、需要、话语、活动、价值观念和儿童群体所共有的精神和物质生活的总和，也是儿童精神生活和文化生活的集合。儿童文化是儿童生活和学习必不可少的元素，是应该受到历史尊重和理解的文化。

"闲暇游戏"课程，把"闲暇游戏"以课程的形式整合在教育中，让我们华夏民族独特的文字符号在各个民族当中代代相传，形成易于接受的儿童文化，这有利于让后面的学生对它进行了解、识别、认同及应用。这个过程也是将优秀传统文化进行传承的过程。不仅如此，"闲暇游戏"课程是通过老师与学生共同改造甚至生成的内容，让优秀的传统文化在传承的过程中不断进行改进和优化。

四、建构"闲暇游戏"课程有利于教师专业能力的提升

人的意识受到历史原因和许多传统的流传影响积累而成。教师在成长为专家型教师的过程当中，形成了个人的职业风格与生活态度。而职业风格或者生活态

度都是建立在个体原来的经验之上的。因此，教师的专业能力的提升需要教师拥有正确的观念、正确的态度和正确的价值观。"闲暇游戏"课程的内容或组织方式都有赖于教师们原有的经验。"闲暇游戏"课程实施中，教师们已经知道了"教什么"和"为什么教"，教师专业能力的提升主要集中于"如何教"和"反思教得如何"。"闲暇游戏"课程的实施，使教师认同了课程改革的价值，课程改革的行为便会随之而来，有了课改的意愿和行为，教师专业能力的提升速度就非常快。

综上所述，建构"闲暇游戏"课程是一种继承和发扬我国传统文化的重要方式，它符合世界对学生教育课程改革的开放理念。在前面的章节中提到，"闲暇游戏"在中国是具有一定的积淀的，它有着丰富的课程资源，这给"闲暇游戏"课程的建构提供了得天独厚的条件。因此，建构"闲暇游戏"课程是当今小学课程改革的一项重要内容。

第3节 "闲暇游戏"的实施原则

我国学生的"闲暇"时间,指学习以外的时间,课午间、周末、节假日等,闲暇的时间分外充裕。

如何把学生的闲暇时光,转化为个性化发展的资源?学校尝试从学生游戏课程的角度打开,让丰富多彩的游戏走进课午间,走进农耕园,走进大自然的四季,捍卫童年,滋养童年的闲暇时光,在生动有趣的游戏活动中培养孩子的道德品质、审美情趣和多种能力素养。

一、通过"闲暇游戏"培育学生的品德

闲暇教育,我们在不同的历史时期赋予了它不同的内涵,也给中国的教育思想研究打开了另一条蹊径,作用也特别引人注目。

闲暇活动能培养人的自主意识和责任感。在闲暇时光里,不加约束,人们根据自己的兴趣和爱好选择自己喜爱的活动,之后按照个人意愿和需要去选择和利用活动的时空、活动的内容和方式。在这样的活动情境中,学生是最能够体验到自己是自己的主人。这样的活动也最能够培养个体的自主意识和责任感,对自己的选择负责。每次闲暇活动都是一段了不起的经历,都是一次心灵的旅程。个体只有在自己决定的闲暇活动中,才能实现真正的自我认识、自我控制和自我发展。

二、通过"闲暇游戏"养成良好的习惯

俗话说:"积千累万,不如有个好习惯。"习惯对于人的一生影响非常大。我国现代教育家叶圣陶先生说过,一切所谓教育,其实就是培养好的习惯。

在小时候,学生是会有自私、倔强、霸道等不良的习惯,怎样来帮助学生改掉这些不良习惯?因学生年龄小,不能集中注意力,其自身控制力差,纠正习惯

仅靠空洞的说教，效果微乎其微。因此，培养好的习惯要以游戏为主，加上老师的恰当引导，让他们在游戏中自主快乐地学习和纠偏。

例如，可以通过开展角色扮演的游戏来培养孩子学会分享的良好行为习惯；也可通过各种带有规则设定的游戏，如"老鹰捉小鸡""警察与小偷""木头人"等，让学生在获得快乐的同时，学会遵守游戏规则，通过集体性任务驱动的游戏来培养学生的合作能力等。

三、通过"闲暇游戏"发展学生的能力

丰富多彩的"闲暇游戏"，可以促进孩子身心发展，促进协调、表达、思维、创造等多种能力的发展。

身体机能的发展　学生生长发育十分迅速和旺盛，通过各种室内外游戏活动，促进了其身体器官的发育和生长，增强机体对疾病的抵抗能力。在户外游戏时，学生奔跑追逐、攀爬跳跃，使大肌肉得到锻炼，肌体的协调性、平衡性和灵活性也会得到增强。而室内游戏，大多是较为安静平和的游戏，多为操作类、语言类、表演类、益智类等游戏，这样的小游戏可以帮助锻炼学生小肌肉的协调性、灵活性和精确性，发展了精细动作。

认知能力的发展　游戏促进学生感官发展，是他们认识外界事物、增长知识、发展智力的通道。各类游戏，尤其是操作类游戏为孩子提供了大量感官练习的机会。

语言表达的发展　在游戏中，学生彼此之间需要交流，从而引发了积极使用语言的动机。比如说大家一起玩什么游戏，谁和谁一组，谁违反了游戏规则，是否要换个新玩法，等等，对这些话题的商讨促使学生之间出现了较为频繁的交流。还有些游戏，本身就和语言密切相关，属于语言类游戏。学生在玩这些游戏的过程中很好地发展了语言能力。

想象力和创造力的发展　孩子在游戏中是自由自在，充满想象力的。在游戏中，学生可以把自己想象成另一个物体，极大地促进了想象力的发展。游戏不但促进了学生想象力的发展，还为学生创造力的发展提供了空间。

情绪情感的发展　游戏可以帮助孩子产生更多积极的情绪、情感，充分放松自己；也能够帮助孩子转移与宣泄消极情绪。通过这种方式，反面情绪得到释放，有助于其尽快走出消极情绪状态。

四、通过"闲暇游戏"促进学科的学习

"闲暇游戏"，其实也能促进学科的学习。其实，是"嬉"与"习"的关系。"嬉"，以游戏为内核，对于"习"也具有重要意义。柏拉图认为游戏是学生的天性，在对学生进行道德与法制教育的过程中应充分利用游戏的作用，并对游戏的内容与方法做出规定；亚里士多德认为游戏应当是未来生活的模拟；杜威认为学习以经验为基础，"经验"是人与环境相互作用的条件下对外部世界主动探索与尝试的结果，学生在游戏中通过参与社会性的互动，获得对周围生活世界的认识与理解。"闲暇游戏"处理好"嬉"与"习"的关系，让"习"的内容加上"嬉"的形式，通过艺术的结合，会让学生的学习更加丰富多彩，引人入胜。

第二章
游戏在课间午后

第1节　传统游戏推介

益智类游戏

1　吃子棋

推荐人：石潇潇

吃子棋是一项传统的二人对弈游戏。游戏开始时以吃子为目的，再以活子为目的，故而得名。

游戏过程

1. 游戏道具

棋子若干、棋盘。

2. 游戏步骤

（1）**布子**　吃子棋棋盘如图1所示，是五横五竖的直线交叉图，共有25个棋位。双方各10枚棋子，双方棋子用不同颜色制成，以便于区分。对弈双方分别将棋子布置在靠近己方角上的10个棋位上。

（2）**走子**　游戏开始前，石头剪刀布来决定先行的一方。先行一方先选自己喜欢的颜色棋子，然后双方轮流走子，每次仅限移动1枚棋子，每次移动1格。

（3）**吃子**　在同一线上，当己方棋子与敌方棋子相遇时，可跳过该棋子然后将其吃掉，如图2所示。

（4）**胜负**　当一方棋子被全部吃光时，游戏结束。

图 1 　　　　　　　　　图 2

（图片来源：如皋市安定小学 六（5）班　冯俊杰）

2　七巧板

推荐人：石潇潇

七巧板又称七巧图、智慧板，是具有代表性的中国拼板玩具。它由 7 个大小不等的几何形薄板组成，其中有 5 个三角形、1 个正方形、1 个平行四边形。七巧板的各个形状之间存在着极为严谨的规律，根据拼凑出的不同形状，每一个形体的边长都会与整体产生相应的内在联系。此外，用几何形状拼凑出的图形往往具有很强的抽象艺术和装饰意蕴。

游戏过程

1. 游戏道具

1 支笔、尺子、剪刀、纸板、1 张纸。如果想要用自己喜欢的颜色，也可以准备一些水彩笔。

2. 游戏步骤

（1）在纸上画出 1 个正方形，把它分为 16 个小方格。

（2）从正方形的左上角到右下角画 1 条直线，形成左右 2 个直角三角形。

（3）在右边的直角三角形上，将两条直角边的中点用直线连接，即该直角三角形的中位线，再从上方直角边的中点处做 1 条垂直于该三角形斜边的直线。

（4）从正方形的左下角到右上角画1条直线，一直连接到右边直角三角形的中位线的中点处。

　　（5）从右边直角三角形的中位线的中点处垂直，做一条平行于直角边的直线，一直连接到该三角形的斜边上。

　　（6）最后，根据自己的喜好，把它们涂上不同的颜色并沿着黑线条剪开，1副七巧板就制作完成。

图1　　　图2　　　图3　　　图4

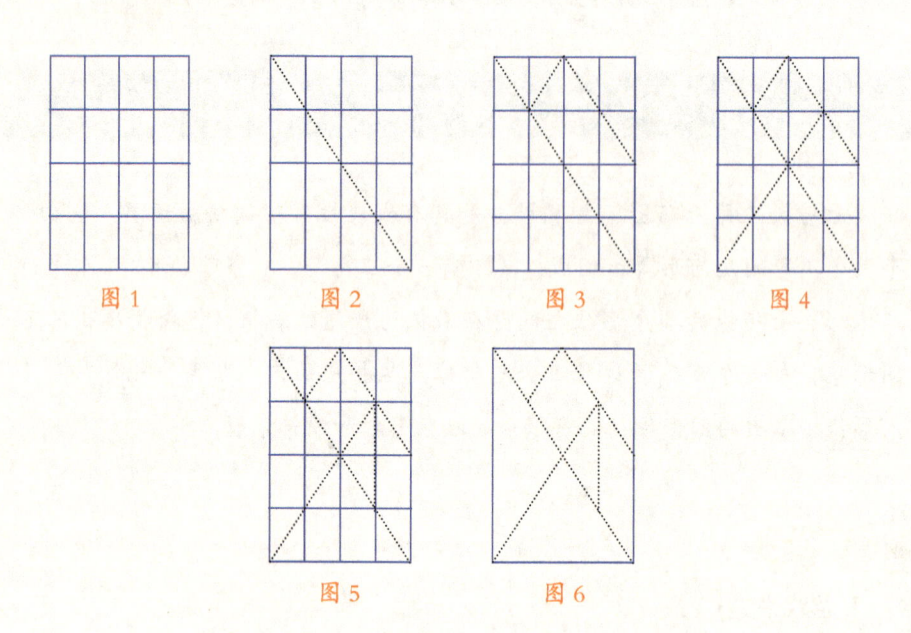

图5　　　图6

（图片来源：如皋市安定小学 六（5）班　冯俊杰）

3　五子棋　　推荐人：徐科雄

　　五子棋是起源于中国古代的传统黑白棋种之一，亦有"连五子""五子连""串珠""五目""五目碰""五格"等多种称谓，是两个人在一盘棋上进行对抗的竞技运动。

游戏过程

1. 游戏道具

棋子若干、棋盘。

2. 游戏步骤

（1）布子 五子棋以布子成形取胜。开局以后，黑方先下子，白后下，对奕双方轮流布子。先由执黑子一方将第一枚棋子落在天元点上，即棋盘的中心位置；然后由执白子的一方将第一枚棋子布于棋盘的中心区内（以天元为原点，纵横各5路棋线以内）。从第二手开始，双方可将棋子布于任何空着的棋位。

（2）胜负 博弈过程中，首先形成五子连珠的一方，即是获胜。

随着五子棋的发展，人们逐步发现，在对弈过程中，先行优势非常大。为了使比赛更加公平，因此制定了相关规则。

禁手：禁止以某种手段取胜，即在特定的棋位布子或形成特定的棋形。禁手只限制黑子方。禁手的具体内容包括：三三禁手、四四禁手、长连禁手（六枚棋子以上的连珠称为"长连"）。黑子方如果违反以上的禁手规则，则判为输棋。

跷跷板原理：五子棋永远是先行一方领先一子。设想双方轮流领先一子呢？

台湾教授发明的"六子棋"，就如同"跷跷板"一样。先行方先下一子，然后双方轮流下两子，先连成六子者胜利。

五手两挑一：当黑子一方落第三枚棋子的时候，由白子一方来决定去掉任何1枚黑子。

4　加减乘除二十四

推荐人：徐科雄

加减乘除二十四，也叫"二十四点游戏"，是一项一人或多人参与，将4张扑克牌上的数字进行加减乘除四则混合运算（允许使用括号）求得二十四的游戏。

游戏过程

1. 游戏道具

扑克牌。

2. 游戏步骤

发牌：任选一个玩家洗牌，并担任此轮游戏的发牌员。洗好牌后，该玩家从牌中任意抽出4张牌放到桌面上。

运算：

（1）每个玩家开动脑筋，运用加、减、乘、除尝试将桌面上4张牌的点数算出二十四，每张牌必须用一次且只能用一次。

（2）谁先算出来，即为该轮的赢家，4张牌就归谁。如果无解，就各自收回自己的牌。

（3）发牌员继续发4张牌在桌面上，各玩家继续按照上面的方法来计算。

3. 定输赢

所有的牌都用完，游戏就算结束。游戏结束后，各个玩家数一数自己共有多少张牌，牌多者为胜。

第二章 游戏在课间午后

趣味链接

二十四点游戏据说是由华人孙士杰先生发明的,他在1986年开始构思,而二十四点游戏在1988年正式面世于美国,并且迅速风行美国。但早在1979年1月,由毛之价、徐方瞿先生整理定稿,由少年学生出版社出版的《有趣的数学》中的"看谁算得快"也是谈论这类游戏,其基本原理、构思等,都和孙士杰先生所发明的一样,而且除了四则运算以外,还可使用乘方、开方甚至对数等运算方法。

5 逼角棋

推荐人:李希文

逼角棋,从字面上看,其实就是在游戏中将对方逼入死角的意思,这是一种广泛流行于湖北夷陵地区的传统闲暇游戏棋。

游戏过程

1. 游戏道具

棋子若干、棋盘。

2. 游戏步骤

（1）**布子**　参与下棋游戏的每一方有3枚颜色各异的棋子,棋子分别置于棋盘的两条边线上（如图1）。

23

（2）**走子**　在对弈过程中，双方可通过划拳等方式来确定谁先走子，接下来，双方轮流走子，每一次只能走一步。一旦自己的两枚棋子将对方逼进死角则可"吞并"这枚棋子（如图2）。

（3）**胜负**　最终只剩1枚棋子的参赛方为输家。

图1　布子　　　　　　　　　　图2　走子

趣味链接

作为一种类似于逼角棋的对弈游戏，麻雀棋的棋盘呈星星形（如图3），比赛双方各有3枚棋子置于自己这一侧的棋位，走棋规则和逼角棋一致，最终先让对方无法继续移动的一方获胜（如图4）。

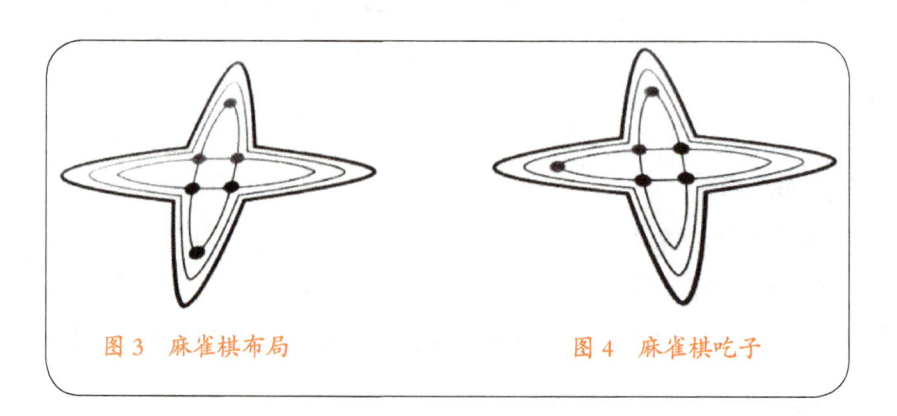

图3　麻雀棋布局　　　　　　　图4　麻雀棋吃子

6　象棋

推荐人：蒋小波

象棋在中国不只有着悠久的历史，更是参与人群较多的一种益智游戏。该游戏虽然用具简单但却极具趣味性，老少皆宜。这一项目为中国78个体育项目之一，目前也已成为首届世界智力运动会正式项目之一。

游戏过程

1. 游戏道具

棋子若干、棋盘。

2. 游戏步骤

（1）**布子**　象棋的棋盘为长方形平面，纵横交错成90个点，这些交点就是棋子布的点。其中第五、六两道横线之间的空白地带为"河界"，将整个棋盘分为相等的两个"阵地"。

（2）**走子**　红色棋子先走，接下来轮流进行直到比赛结果出来（胜、负、和），对局结束。在走棋时，只能凑够一个交叉点到另一个交叉点，或者是吃掉对方棋子占据其点。各棋子的走法规则：帅（将），即游戏双方最终获胜需争夺的对象只能在"九宫"之内走子，每次只能沿着纵或者是横向走动一格，帅棋与将棋不能在同一直线上直接对面，否则走方判负；仕（士）是帅（将）棋的贴身保护，只能在九宫内走动。仕（士）的行棋路径只能是九宫之内的斜线。

趣味链接

中国历史上，关于象棋的著作很多，最早的为《象经》（北周武帝制）、《象经序》（王褒著）、《象戏赋》（庾信著）；进入北宋，先后有《七国象戏》（司马光著）、《象戏格》（尹洙著）、《棋势》（尹洙著）以及《广象戏图》（晁补之著）等问世。南宋时期有《棋经论》（洪迈著）、《象棋神机集》（叶茂卿著）、《事林广记》（陈元靓著）等；元明清时期，出现了很多关于象棋理论总结的专著，其中最具代表性的有《梦入神机》《金鹏十八变》《适情雅趣》《梅花谱》《竹香斋·象棋谱》，等等。

7 零零七

推荐人：徐科雄

零零七是一项集体徒手类游戏，参加人数以8到10人为宜。游戏比较简单，但是需要参与人员反应迅速。游戏过程中没有一定的次序，随机性比较强，因此整个过程处于紧张状态。

游戏过程

1. 参加游戏的所有人围站成一个圆圈。

2. 任意一人（如甲）发音"零"，甲随声任指一人（如乙），乙随即也发音"零"，再任指另外一人（如丙），丙应该发音"七"，且用手指作开枪状，任指一人（如丁），丁不发出声音，也不做任何动作，但丁旁边的两个人则要发"啊"的声音，并将手举起，表示惊吓投降。

3. 产生一次错误后，出错者要接受大家的惩罚，继续游戏时由错误人重新开始；如果没有人出错，由刚才的中枪者作为第一个发出"零"音的人，继续游戏。

趣味链接

《007》是风靡全球的一系列谍战电影，"007"不仅是影片的名称，更是主人公特工詹姆斯·邦德的代号。詹姆斯·邦德（英语：JAMES BOND）是一套小说和系列电影的主角名称。小说原作者是英国作家、前MI6特工伊恩·弗莱明。在故事里，邦德是英国情报机构军情六处的间谍，代号007。

他机智且勇敢，冷酷但多情，总能在危险时刻化险为夷。扮演007的演员都帅气逼人，加上剧情精彩刺激，这些影片直至今天仍被广大影迷所热爱。

8 手指上课

推荐人：陆文琪

手指上课是一项徒手类游戏，参加人数以8到10人为宜。游戏比较简单，但是需要参与人员反应迅速。游戏过程中边说边做动作，非常考验参与者的反应能力。

游戏过程

1. 两手五指相顶

大门开开，（两手拇指分开，如图1）

小门开开，（两手小指分开，如图2）

旁门开开，（两手食指和无名指分开，如图3）

中门开开，（两手中指分开，如图4）

老师进来，（两手交叉伸直，如图5）

小朋友都进来，（两手交叉抱拳如图6）

全体起立，（交叉的十指全部伸展）

图1　图2　图3
图4　图5　图6

坐下。（两手交叉抱拳）

（图片来源：如皋市安定小学 二（8）班　张修齐）

2. 双手交叉抱拳，开始报数

数1时，右手大拇指伸直后又放下；

数2时，左手大拇指伸直后又放下；

数3时，右手食指伸直后又放下；

数4时，左手食指伸直后又放下；

数5时，右手中指伸直后又放下；

数6时，左手中指伸直后又放下；

数7时，右手无名指伸直后又放下；

数8时，左手无名指伸直后又放下；

数9时，右手小拇指伸直后又放下；

数10时，左手小拇指伸直后又放下。

循环几次，报数速度逐渐加快，动作做错即淘汰，看看谁能坚持到最后。

9　石头剪刀布

推荐人：陆文琪

石头剪刀布是一个流行的猜谜游戏。有时，它具有与投掷硬币和骰子相同的功能，并用于生成决策的随机结果。石头剪刀布既可以是一个独立的游戏，也可以是其他游戏的第一阶段。结果并不直接决定游戏的结果，而是作为玩家在下一阶段游戏的基础。

游戏过程

两个玩家在背后握紧拳头，然后其中一个或两个一起喊出"石头剪刀布"的口号，同时他们在说出"布"的时候做出对应的手势。握紧的拳头代表"石头"，中指和食指伸直代表"剪刀"，手掌张开代表"布"。游戏原则：剪刀被石头砸碎（石头胜利），布被剪刀切开（剪刀胜利），石头被布包住（布胜利）。如果双方相同，那就是平局。这种简短的比赛可能会重复很多次，通常是三分之二或五分之三的胜局来决定结果，或者一局决定结果。

趣味链接

石头剪刀布各地不同叫法列举：

沈阳：竞老头	北京：猜丁壳	唐山：嘿唠唠
郑州：锤包剌	西安：猜咚吃	青岛：逮起逮
贵阳：锤不隆咚锤	合肥：猜包里猜	上海：猜东里猜
南京：包剪锤	重庆：定见、帕子	成都：驼子、剪刀、布

10 弹蚕豆

推荐人：蒋小波

弹蚕豆是流行较广的游戏。游戏不拘于时间和地点，一般在过节时最盛。游戏使用的蚕豆多为炒制后的蚕豆。

游戏过程

◆ 玩法一

1. 在1张白纸上画1个一尺半见方的正方形，内中画对角线相交，呈4个等腰三角形，分别在三角形内写入"一""二""三""四"；正方形每边外各画一条弧线，为"油锅"。

（弹蚕豆玩法如图）

2. 以猜拳等方式决定先后次序后，由其中一方先在正方形中对角线的交叉点上放一豆子，另一方将之弹向远处，然后再由先前供豆的一方往回弹。弹第一次时念"一弹弹儿"，弹第二次时念"二把年儿"，弹第三次时念"三打鼓儿"，弹第四次时念"四赢钱儿"。如果豆被弹进标有"一"的区间中，此方便赢一豆，弹入"二"处，便得二豆，弹入"三"处得三豆，弹入"四"处得四豆，而弹入油锅中则算输。

3. 如果供豆一方获胜，即与弹豆一方互换游戏角色；如供豆一方输则继续供豆。如未弹入格中，也未弹入油锅中，则算不输不赢，重新进行游戏。

◆ 玩法二

1. 这种玩法通常由两、三个人玩，每人手中握豆出举，然后都张开手，出豆多少为先后次序。

2. 进行游戏时，将大家所出的数量相等的炒蚕豆放在一起，先由第一个玩家将豆撒在桌上，用一个手指在两颗豆之间画过，手不许碰豆，然后将中指弯曲至大拇指下部去弹拨杠杆画过的豆子击打另一颗豆子，若能击中，那被击中的豆子则归己所有。接下来，再画别的两豆，再弹，弹中几个得几个。

弹蚕豆玩法

11　乘法口诀游戏

推荐人：童敏

乘法口诀游戏是一种教授学生学习并熟练掌握乘法口诀的闲暇游戏。乘法口诀是学生数学学习中必背的运算知识，学生玩乐乘法口诀游戏是将学校教育和日常生活联系起来，是现代教育和民众智慧相结合的产物。此游戏的应用范围广，现今已开发出了乘法口诀的网络益智小游戏。

游戏过程

参与游戏的学生环坐在一起，先将两只手摊开，然后一边唱《乘法歌》，一边用两手手指数数。歌谣内容为"一一下得一，打铁打勿歇；

闲暇游戏
润泽儿童诗意人生 >>

二二下得四，滚龙滚狮子；三三下得九，农人掰荞手（艾白）；四四一十六，吃鱼又吃肉；五五二十五，后生偷苹果；六六三十六，和尚掼便勺；七七四十九，丝线绕洗帚；八八六十四，树头挂红箸；九九八十一，扫帚靠板壁"。歌谣极具地方特色，流传于浙江省椒江一带。

趣味链接

九的乘法。这是一种用双手的十个手指将"1～10"这10个数和"9"的乘积表示出来的游戏。首先将双手平放，10个手指从左到右代表数字"1"到"10"，当要表示"1×9"时，只要弯下左起第一个指头，再数右边剩余的指头的数字，即可知结果为"9"。从"2"开始，每个数和"9"的乘积都超过"10"，于是，手指所代表的含义要有所改变，即弯下手指的左边代表十位数，而弯下手指的右边代表个位数。如"3×9"只需要将左手的第三个手指弯曲，弯曲手指左边的2个手指代表"20"，右边有7个手指代表"7"，即可知答案为"27"。

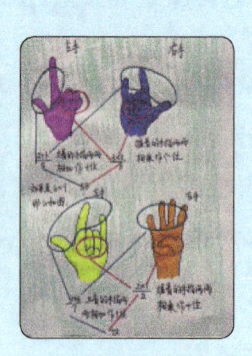

12　打手背

推荐人：石潇潇

> 打手背，游戏分为两方，一方进攻，一方闪躲，一般以进攻方成功打到闪躲方为赢。

🎮 **游戏过程**

参与人数：2人

该游戏的常见玩法有两种，具体如下：

◆ 玩法一：2人单手

先通过"石头剪刀布"来定谁做进攻方，谁做闪躲方。赢的人做进攻方，双手掌心向上，平举在腰的高度；输的人做闪躲方，双手掌心向下。双方各伸出一只手，一人掌心向上（进攻方）；另一人掌心向下，手掌心相对相靠，游戏时想方设法分散对方的注意力，并迅速反手以掌心击打对方手背，而对方则需要反应敏捷，在被击打前抽回手，以防被打。若被打中，继续玩；如击空，则轮换。

打手背（一）

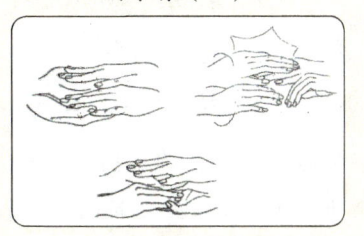

打手背（二）

◆ 玩法二：2人双手

一般有两种游戏方式。

（1）先通过"石头剪刀布"来定谁做进攻方，谁做闪躲方。两手同时进攻，也可交替进攻。闪躲方哪只手成功闪躲，就可与进攻方的那只手进行角色互换。如：进攻方左右手同时进攻，左手成功打到闪躲方的右手手背，而右手没有打到对方左手手背，那么进攻方的左手手势不变，依然具有进攻资格，右手就与对方手势互换，失去进攻资格，成为闪躲方。

（2）游戏双方均以右手（或左手）掌心向上作为进攻方左手（或右手）掌心向下作为闪躲方，相互打手背，进攻成功角色不变，进攻失败角色互换。

13　翻线绳

推荐人：石潇潇

翻线绳，又称"翻花绳"，是广泛流行于我国民间的传统益智游戏，多在少年学生中流行（其中女孩较多）。游戏者将一根线绳两端相接，构成个环形，可以在手上轮番撑翻成各式各样的图形。两个人互相翻撑最为常见。

游戏过程

1. 游戏道具

1根7尺长的线绳。

2. 游戏步骤

（1）先由一人用双手撑开此环形线绳，按图1至图4的顺序用手指翻勾而成一个基本图形。

（2）由另一人用双手手指翻动线绳并套接在他的双手间，改换成为一个新的图形。两人轮流翻撑挑勾，巧妙地翻出各种有趣的图形来，如图5为"织鱼网"或"拉面"（各地说法不同），等等。

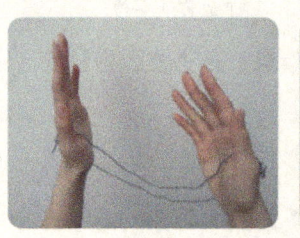

图1 　　图2 　　图3

图4 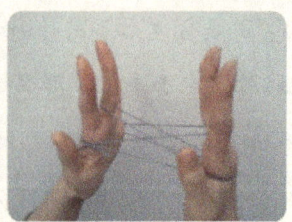　　图5

> **趣味链接**
>
> 翻线绳的基本形最常见的有：线绳套撑于左右手之大拇指和小指后，右手中指挑左手拇指、小指间横线，左手中指挑右手拇指、小指间横线的"中指型"和中指改食指挑的"食指型"。

14　挑木棍

推荐人：石潇潇

挑木棍，又叫挑棍、挑小棍、游戏棒或散棒，是老少皆宜的益智类小游戏。在过去此游戏所用的木棍通常是吃完冰棍剩下的冰棍棒，废物利用并加以装饰。这种木棍容易收集，受到孩子们的一致欢迎。后来应运而生的游戏小棍，大小长度一致。游戏时，游戏者常常屏住呼吸，深思熟虑后才能决定先挑哪根，再动哪根，整个过程考验了游戏者的观察力、判断力和耐心。

游戏过程

1. 游戏道具

冰棍棒；或长度粗细均等的圆木棍（数量不限，20根左右即可）。

2. 游戏步骤

◆ 玩法一：比个数

（1）游戏者通过"石头剪刀布"决定先后顺序。

（2）先开始的人把所有小木棍抓在手中，垂直于桌上，然后放手。木棍散开后，小心将其一根根地挑起来，但不能碰到别的小棍，若不小心触碰到或令其晃动后则换成另一玩家重复步骤。

（3）最后，各自清点赢得的小棍，数量最多者就是赢家。

◆玩法二：比分值

（1）游戏者通过"石头剪刀布"决定先后顺序。

（2）游戏方式同上，冰棍棒上标有分值2、5、10，游戏者发挥聪明才智挑取分值高的小棍。

（3）最后，各自清点赢得的小棍，算一下分值，分数高者获胜。

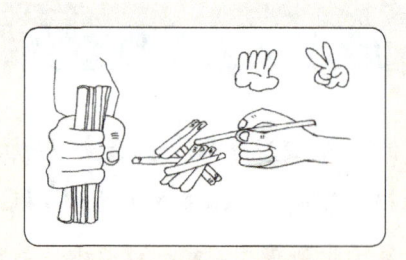

（图片来源：如皋市安定小学 冯俊杰）

运动类游戏

1 大龙球

推荐人：丁奕羽

大龙球是供学生玩耍的橡胶球，这种球弹性好，色彩多样，深受孩子们的喜欢，也可以作为亲子游戏的道具。球的体积较大，年幼的孩子可以整个人坐或躺在球上，稍大的孩子也可以推着球玩耍。

游戏过程

1. 游戏道具

大龙球。

2. 游戏步骤

学生在玩大龙球时，通常需要成人的配合与指导。玩法很多，这里介绍三类：

◆玩法一

学生趴在或躺在大龙球上，由成人握住他的大腿或腰部，帮助孩子前后、左右或快或慢地滚动。

◆玩法二

学生坐在大龙球上，成人保持大龙球的稳定。孩子坐在球上，双手伸向两侧保持平衡，并在大人的指导下完成一系列指定的动作。

◆玩法三

成人协助学生伏卧在大龙球上，保持身体平衡。将一些玩具放在大龙球周围可以用手拿到的位置，然后协助孩子前后滚动球，调整大龙球与玩具的距离，让孩子逐渐触摸到玩具并将它拿起来。

趣味链接

大龙球游戏的好处：

1. 能增强身体和地心引力的协调，强化身体肌肉的伸展能力，可丰富孩子的前庭感觉，促进前庭体系的发展。大龙球是测试孩子前庭平衡能力和重力感的重要工具，它在前庭平衡训练、注意力训练和空间感知能力训练上有着独特的作用。

2. 促进学生本体感觉和平衡反应的发展，对触觉反应过分敏感或迟钝的孩子有很大的改善。

2 踢绣球

推荐人：丁奕羽

踢绣球和踢毽子一样，是我国民间流传很广且深受人们喜爱的一项体育活动，由古代蹴鞠与抛绣球演变而来。与蹴鞠不同的是，踢绣球多为女性参与，动作也更为柔美。

游戏过程

1. 游戏道具

绣球由丝绸、花布等纺织用品制成，直径10厘米左右，内装细沙石，重约150克，绣球上绣有精美图案，有时还有五彩丝线的装饰。

2. 游戏步骤

（1）踢绣球可一人踢，也可多人比赛。多人比赛在游戏开始前，参赛者要先以猜拳的方式确定出场顺序。

（2）游戏开始，游戏者按顺序轮流踢绣球。踢的时候用脚的内侧将绣球踢起，当绣球下落到接近膝盖的位置时再用脚踢起，可左右脚互换，就如踢毽子一般。除此之外，也可用脚的外侧将绣球踢起。最后以一次性踢绣球次数最多者为胜。

趣味链接

"狮子滚绣球"是中华民族传统的活动之一，一般都在一些传统节日中举行，寓意祛灾祈福，人们希望狮子能赶走厄运，绣球可以带来好运。我国汉代民间流行"狮舞"，每年正月十五"龙灯节"时，几十个壮汉两两合作，穿上戏服，一前一后扮演成一只狮子，其中一人手持彩球逗之，上下跳跃，舞起来生动活泼。

3 弹乒乓球

推荐人：丁奕羽

弹乒乓球游戏的玩法主要是通过用食指或拇指弹球，根据球的命中率进行记分，最后以弹球入圈的多少来评判胜负。

游戏过程

1. 游戏道具

乒乓球或者塑料球5个（可用废纸揉成的纸团代替，但所用球的大小、材质需一致）。

2. 游戏步骤

（1）参加人数一般为3人，以猜拳的方式选出1人当裁判，其余2人作为参赛者。

（2）游戏开始前，先在平地上画一个直径为20厘米的圆圈，在离圆圈3米的地方画一条直线，将5个乒乓球并列放于直线上。

（3）游戏开始，两名参赛者分别用食指或者拇指弹球，同时念儿歌："头一弹，二保安，三连环，四过关，看谁五次弹进圈。"最后由裁判宣布进球情况，将球弹进圈中多者胜。

趣味链接

乒乓球起源于英国。19世纪末，欧洲盛行网球运动，但由于受到场地和天气的限制，英国有些大学生便把网球移到室内，以餐桌为球台，书作球网，用羊皮纸做球拍，在餐桌上打来打去。1890年，几位驻守印度的英国海军军官偶然发现在一张不大的台子上玩网球颇为刺激。后来他们改用实心橡胶代替弹性不大的实心球，随后改为空心的塑料球，并用木板代替了网拍，在桌子上进行这种新颖的"网球赛"，这就是乒乓球得名的由来。

4 活动球门

推荐人：蒋小波

活动球门是用两人组成移动球门进行射门的足球类游戏。活动球门游戏规则与足球基本相似，但因采取新颖的射门方式而极具吸引力。

游戏过程

1. 游戏道具

足球1个，横杠2根，长2米。

2. 游戏步骤

（1）将游戏参与者分成两个队，每队5人。设裁判1名。比赛前，每队选出2名队员，由2名来自不同队的人肩扛横杠组成2个球门。每队场区各设球门1个，球门的位置必须四处移动。各队选择1名代表，裁判员组织两队代表进行抽签，决定场地优先选择权和开球权，两者只可选择其一。

（2）比赛哨声响起，开球队员将球踢到对方场区，比赛正式开始。两队进行抢球，抢到球的一方获得控球权，踢球向对方场地进攻。队员带球进攻时要找准球门的位置，其他队员进行防御，以免对方截球。球门在场地内不断移动，进攻方队员则尽量将球门引到球的位置，而防守方的队员则尽力阻止球门与球接近，使球门尽可能地远离球。射门时，防守方队员可用躬身或者下蹲以缩小球门达到阻止进球的目的，但不能坐下、躺着或者站着不动。进攻方队员则尽量阻止另一个"门椎"影响射门。球门两面射门均可得分。射门后，无论哪队夺得球，比赛继续。

（3）游戏过程中，若一方队员将球踢出界外，则另一队获得控球权。比赛以5分钟为1局，共5局，每局都要进行门柱的更换，每位队员都要充当门柱1次。最后1局结束后，裁判评判胜负。

第二章 游戏在课间午后

图1 　　　　　　　　图2 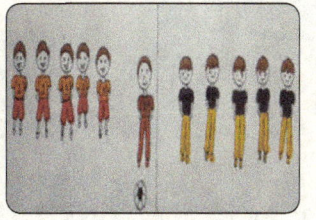　　　　　　　　图3

5　十五柱球

推荐人：蒋小波

十五柱球是在唐代流行的室内球类游戏，类似今天的保龄球，在唐代又称其为"木射"。

游戏过程

1. 游戏道具

木球、笋形平底木柱。

2. 游戏步骤

（1）参与十五柱球游戏的人数不限。游戏开始前，游戏者需通过一定方式确定出场顺序。

（2）游戏开始后，游戏者依次站于起始线后，手持木球抛击木柱，球击中红字木柱为胜，击中黑字为负。

图1 　　　　　图2 　　　　　图3 　　　　　图4

趣味链接

十五柱球游戏中蕴含着中华传统文化中的传统伦理：刻在笋形木柱上的"仁、义、礼、智、信"为儒家"五常"。在悠悠中华文明发展历史中，这五个字内涵深远，目前已成为中国价值体系中的核心因素。根据字面意思做解释：能爱人则"仁"；"义"，写法为"人"字出头，再在上面加上一点，表示别人遇到困难时要帮一把；"礼"则主要是对他人的敬重；"智"表示对日常事务的知晓、琢磨，"信"字可以拆分为"人言"。这五个字其实就是对当前公民应具备的基本品质做了规范。

6 推手

推荐人：石潇潇

推手是操作简单、趣味性强的小游戏，此游戏具有较强的灵活性，不受场地的限制。可适当变换游戏规则，如限定时间、调整比赛形式等，从而使游戏形式更加丰富多样。整个过程可锻炼游戏者身体的平衡性和反应的灵敏度。

游戏过程

1. 参与人数

2~6人为宜。

2. 游戏步骤

（1）首先将参与者分为两队，每队先各派1人参加比赛，其他队员排队等候。比赛双方统一姿势站好，双脚分开与肩同宽，与对手面对面站立，一臂距离。

（2）双方伸出胳膊，四掌相对，宣布开始后互推。游戏过程中，可假推也可用力真推，但不允许触碰到对方的其他部位。

（3）游戏者要尽量让对方失去平衡，以移动双脚为准。时间控制在5~10分钟。

◆玩法一：积分制（适合参与人数多）

（1）推手过程中未移动的一方将积1分；

（2）若触摸到对方身体的其他部位，则扣1分；

（3）如果双方都失去平衡，均不得分；

（4）分数高的一方获胜。

◆玩法二：淘汰制（参与人数较少）

当参与人数较少时，可采取车轮战，赢的一方继续对战下一位选手，直到最后为胜。推手游戏一般采取计时方式，也可以在规定的圆圈或者方框中，区域大小由双方共同商量决定。

（图片来源：如皋市安定小学 冯俊杰）

7　翻饼烙饼

推荐人：石潇潇

翻饼烙饼也叫翻烙饼、炸果果、炒黄豆。一般女生参与者众多，需要两人一组来合作完成。烙饼时，需要用油将饼的两面都进行煎烙，这样做出来的饼才香酥可口。馅儿饼两面不断翻动这一动作被用于游戏中，并配合以相应的儿歌。

游戏过程

◆玩法一

1. 每两人一组，相对而立，同时手牵着手。

2. 游戏开始时，两人有节奏地摇摆相互拉着的双手，嘴里边说着儿歌："炒蚕豆，炒豌豆，咯嘣咯嘣翻跟头。"当说到第二句"咯嘣咯嘣翻跟头"的时候，两人要共同举起手臂来翻转身体，变成背对背的姿势，同时要两

43

手向上抬起，游戏结束。

　　如果想要增加难度，就得考验两人的默契程度。参与人数多一些，两人一组，第一次翻一个"跟头"，第二次两个，以此类推。若默契程度不够，容易脱手。

　　◆玩法二

　　1.两个孩子背对背站好，同时两人的双臂要相互扣住。

　　2.一个人先弯下腰，用力将另一个人背在背上，然后放下。另一个人重复这一动作。

　　3.两人轮换背对方的同时，需要一起唱儿歌："翻饼烙饼，油渣馅饼。翻过来，掉下去，熟了。"

（图片来源：如皋市安定小学　司亦钦）

8　拉海龟

推荐人：葛海君

　　"拉海龟"又称"拉乌龟"，是流行于我国海南省等沿海地区的民间竞技游戏，人们模仿海龟的爬行动作发明了"拉海龟"游戏。

游戏过程

1. 游戏开始前，准备一根绳子，并在选好的场地中央画两条平行线为"河界"。

2. 游戏时两人为一组。两名游戏者分别位于河界两端，一人将绳束在腰上，两手两膝着地，做"海龟"状。另一人双手紧握绳子另一端。绳子中间系一红带作标志，垂直于河界中央处。

3. 裁判一声令下，"海龟"用力向前爬行，拉绳者则尽力往后拉。能够将红带拉过河界者为胜。

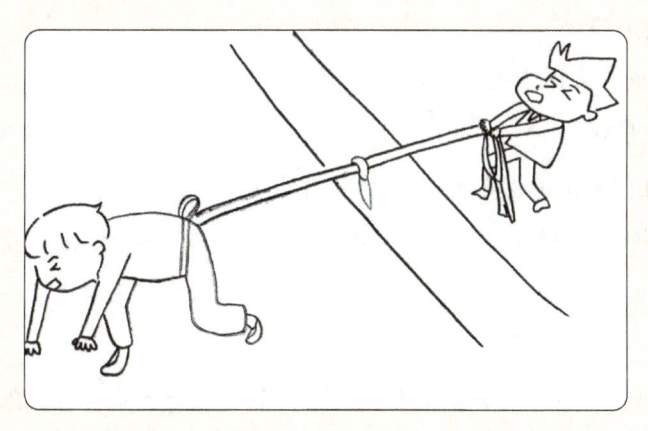

(图片来源：如皋市安定小学 四（11）班 许沁蕾)

趣味链接

这个游戏的起源与人们的生活环境及历史文化紧密相关。在我国古代，龟被看作祥瑞之物，与龙、凤、麟并称"四灵"或"四神"，而且龟是其中唯一现实存在的爬行动物。《大戴礼记》中云："有甲之虫三百六十，而神龟为之长。"因其寿命很长，被认为是众虫之长。早在两亿多年前，海龟就出现在地球上了，是有名的"活化石"，也是长寿的象征。所以这个游戏富有吉祥的寓意，通常在节日、喜庆日或劳动之余举行。

9　搂腰拔河

推荐人：徐科雄

搂腰拔河是由两队人员参加的一种力量抗衡游戏，需要每队队员之间相互配合，存在一定的风险。游戏过程中，过线之后不可立即松手，防止发生意外事故。木棒可以横放，也可以用绳扣替代木棒，还可以直接由两队的排头队员互相抓住双手进行游戏。

游戏过程

1. 游戏准备

1块空地、木棒1根或绳扣1个。

2. 游戏步骤

（1）在空地上画3条平行线，相距1米左右，中间一条稍粗，作为中线，两边的两条线作为限制线。两队人员人数相等，纵队相对，站于中线两侧。

（2）排头两名队员双手握住木棒，后面的人员双手抱住前一个人员的腰部。

（3）待裁判发令，两队队员用力向后拉，把对方队员拉过限制线的队伍为胜。

（4）游戏规则：在拔河的过程中，松握的一方，队伍脱节或摔倒为失败。游戏以1分钟为限，如果在规定时间内，两队都未能将对方拉过限制线算平局。

10 网鱼

推荐人：徐科雄

网鱼也称捕鱼、捉鱼等。叫法不同，内容相似，即小朋友以双臂支撑成"大网"，逮住其他小朋友，就算捞到"鱼"。游戏是对渔民捕鱼动作的模仿。

游戏过程

1. 场地

平坦的宽阔地。

2. 游戏步骤

参加游戏的人数不限，人越多越有趣。

（1）游戏者分为甲、乙两部分，可以先让甲部分充当"渔网"，乙部分充当"小鱼"。充当渔网者一般为两人，也可多人，人多更有意思。

（2）当"渔网"的双手交叉高举，并且手手相牵组成"渔网"。当"小鱼"的排成一列，后一人的双手搭在前一人的肩膀上。

（3）"小鱼"列队穿行在"渔网"之下，并唱念儿歌："许多'大鱼'游来了，游来了，许多'大鱼'游来了。""鱼儿"一个接一个的从"网"下钻过，当唱到"快快捉住"时，"渔网"便迅速落下，套住一条穿行中的"小鱼"。

（4）一旦有"小鱼"被捕，这条"小鱼"便失去了继续游戏的资格，只能站在一旁观望等候，直到"鱼儿们"全部被捕到，便可以重新加入到新一轮的游戏中。

（5）甲乙两队交换进入下轮游戏。

趣味链接

在渔民中间流传着一句谚语："农历初九和廿三，早涨晚涨中午干（早上晚上涨潮，中午退潮）。"渔民祖祖辈辈就按潮涨潮落的规律确定出海时间。出海前，渔民们有一套"小规矩"：由一个人吹响出海的海螺，渔民听到海螺声后就动身出发，到海边集合。出海时，渔民们有明确的分工。集合后的渔民分搭两条粘木船，船划到一定水深的海域，然后朝相反的方向以扇形划开，并逐次放人下海。船上有一个人负责将一根系着红旗的长竹杆系绑在一个竹篮上，插在海岸边，这根竹竿如同灯塔一般，为出海捕鱼的人指引归来的方向。据当地渔民介绍，这根竹竿还象征着平安和丰收。

11 抓拐

推荐人：徐科雄

抓拐一般是女孩子常玩的游戏，游戏器具为4个羊拐和1个沙包。拐，是猪或羊的后腿关节之间的一段，大小只有3～5公分。抓拐（抓羊拐）是西安的一种叫法，因为羊拐是羊脊椎上的一种骨头，抓羊拐在关中西部一带叫"抓羊儿"，关中东部叫"抓子儿"，叫法有别，玩法大同小异。

游戏过程

1. 游戏材料

羊拐、沙包。

2. 制作方法

用棉布拼接缝制的"布袋"，内装小沙石或者绿豆，做成沙包。

3. 游戏步骤

(1) 4枚羊拐撒在桌上（地上）时，可能会有倒仰、横侧4种不同的姿态，叫做"不同色"。

（2）一只手把沙包抛向空中，在沙包落下之前，要迅速地将1个羊拐立起摆正，然后再接住沙包，另一只手不准帮忙。

（3）再抛再摆，直到把4个羊拐摆成同色，如果没有出现沙包掉落或者摆拐不正确，或者是摆拐的时候碰到了另外的羊拐等失误，就可以继续玩下去。再抛再摆，再把4个羊拐摆成另外一种同色。中途如果出现失误，则换下一个人从头玩起。

趣味链接

抓子儿，又叫"拾子儿"，满族等一些少数民族叫"抓嘎拉哈"。在北京和山西等地，抓子儿被叫做"抓拐"。

风行世界各地历史悠久的一种游戏。一般用碎石、拐子（距骨）、籽粒、布包、金属弹或塑料弹，有的可加一球。在乌克兰境内基辅地区史前人类居住的洞穴中曾发现抓子用的物件。古希腊陶罐上有抓子游戏的图案。传统玩法是，一手将至少5个子抛入空中，再用手心或手背接住，接住者得分，否则失分。美国和加拿大女孩使用6～12个或更多的六齿片（用铁或塑料制成）和一枚小球。中欧部分地区女孩用6颗籽粒，右手、左手轮替投抓。埃及女孩用10颗以下的杏核，将全部杏核撒在地上，然后将其中一颗拾起，抛入空中，先尽快将地上的杏核抓起然后再接下落的一颗。东欧部分地区小孩用5颗拐子。日本女孩和中国女孩一般使用装有米粒、沙砾或豆粒的布包；将包扔在桌上，拾起其中一只，抛入空中，此时先从桌上拾起另一只包，再去接下落的包；如此反复，将桌上全部包拾起后握在手中为一局。

12　花样竞走

推荐人：徐科雄

在我国的维吾尔族、朝鲜族和彝族地区，花样竞走各具情趣。花样竞走是用两只脚交替着行走，跨步比较大、走得较快，并受一定规则限制的竞技活动，后来演变成了比赛项目。在行走途中不可停顿，不可直立行走，也不可用手扶。竞走能锻炼游戏者的反应能力，参与者要有较好的耐力，游戏非常有趣。

游戏过程

1. 竞走的形式可以蹲着走，可以在头顶上放一些可以承重的东西行走，比如学生们玩的时候可以顶几本书行走。

2. 竞赛的规则也分两种：相同距离比速度，规定比赛距离，最先到达终点的人为胜；或者比耐力、比时间，坚持到最后的人取得胜利。

趣味链接

在我国的朝鲜族地区，顶水罐比赛颇受姑娘们和小伙子们的欢迎。姑娘们把水罐顶在头上，争先恐后地冲向终点。比赛过程中罐不能倒，水也不能溅出，手更不能去扶水罐，最先到达终点或坚持时间最长的为优胜者。比赛得胜的姑娘，会被认为是聪明灵巧的好姑娘，因此会被小伙子们热情地追求。在彝族聚居地区，蹲斗的游戏中有一种是用全蹲的姿势进行的竞走比赛。蹲斗一年四季都能玩，每年火把节期间，更受人们喜爱。参赛者要完全下蹲，按照比赛场地上事先画好的路线（可以是圆圈形、曲线形或长方形等）行走，坚持时间最长的人为胜。还有维吾尔族，有顶瓜竞走的游戏。首先选一些重量、大小、规格相近的瓜顶在头上，口令发出后，从起点同时出发竞走，双手不扶头顶上的瓜，最先到达终点而瓜不落地者为胜。

13　跳皮筋

推荐人：徐科雄

> 皮筋，是用橡胶制作成的有弹性的细绳，牵直固定以后，可来回用脚踩着跳，有的地方也叫"猴皮筋儿""橡皮筋儿"。跳皮筋是20世纪中叶发展起来的一种闲暇游戏，动作简单易学，不管是稍年长者或小孩、人数的多少、什么季节、什么场地，都不受限制，器材简单，更加受到女孩子们的欢迎。

游戏过程

跳皮筋有挑、勾、拘、踩、跨、摆、压、碰、绕、踢等十余种腿部基本的动作，我们把这些基本动作排列变换一下，再穿插组合，又可以形成多种新的精彩花样。在进行游戏时，可以一人、两人、三人或更多人进行，具体规则如下：

（1）一个人玩：把皮筋儿的两端拴系在两棵树之间或两个凳子腿儿上自己跳。

（2）两个人玩：一个人拉着皮筋儿的一端，另一端拴系在固定的杆木上，另一个人跳着玩；两人可以互换角色。跳得多的为胜。

（3）三个人玩：由前两个人牵皮筋儿，第三个人跳着玩，第三个人与第一个人调换位置，第一个人再与第二个人交换。以此类推，最后以跳得好的次数多少排序。

（4）多人玩时，可分两组比赛。跳皮筋的成员围坐起来，可以手心手背分组，也可以"石头剪刀布"决定谁先跳。后跳的一组选两个人撑皮筋。跳的组可以一个一个轮流跳，也可以一起跳；按游戏规定动作，所有成员顺利跳完一遍，就可以升高度了。哪个人失误（即中途跳错或没钩好皮筋），同组的一人可以重跳一遍救他。如果全体失误，就换撑筋的一组跳。

趣味链接

跳皮筋歌谣——《橡皮筋，脚上绕》：

　　　　橡皮筋，脚上绕，
　　　　绕在脚上跳呀跳。
　　　　像飞雁，似小鸟，
　　　　先跳低来后跳高。

14　点圈子

推荐人：丁奕羽

点圈子又叫做"画鼻子""贴鼻子"。游戏者被蒙住双眼，原地打转之后走过障碍，用笔点中画像的圈子，或者贴好、画好画像的鼻子。据游戏的内容可以推测，它最早起源于长江下游一带，渐渐这种游戏流行的范围扩大。这个游戏有助于锻炼人们的方向感，提高人们的观察能力、协调能力和合作能力等。

游戏过程

1. 游戏准备

红领巾或手帕、墙面或者黑板、笔。

2. 场地

一般选择在一些宽敞、平坦的地方进行，且要有类似黑板或者墙面等竖直平面。

3. 游戏步骤

先在指定的平面上画或者贴上画，并用手帕或者红领巾蒙住参与者的眼睛。由于游戏叫法的不同，游戏过程存在细微差别。

（1）点圈子。一般会在高出地面一人高的平面上贴一张碗口大的纸圆圈。被蒙住双眼的参与者站在离墙约4米处，通过其余游戏者的指挥，慢慢走近纸圆圈；或者增加游戏难度，让参赛者在原地先转几个圈，当他晕头转向的时候，再上前伸手点，点中纸圈即为胜。

（2）贴鼻子。在离地面一人高的墙面或者平面上画上或者贴上一张缺少鼻子的人脸像，让被蒙住双眼的参与者从有一段距离的地方出发，或者增加难度，让他原地转几个圈，再拿事先做好的鼻子去贴在人脸像上，以贴得精准者为胜。

（3）画鼻子。在离地面一人高的墙面或者平面上画上或者贴上一张少鼻子的人脸像，让参与者在被蒙住眼睛的情况下拿笔画人脸像的鼻子，以画得端正与否作为评判输赢的标准。

当游戏以集体活动的方式进行时，参与者除外的人可在旁边指挥引导，但也有人会误导参赛者，参赛者必须自行辨别这些真假提示后再判断方位点圈子。

（图片来源：如皋市安定小学 四（11）班 张辰蕊）

15　双手头上拔河

推荐人：蒋小波

双手头上拔河的游戏起初源自客家地区，这是一项以绳子作为工具的多人力量抗衡娱乐游戏。

游戏过程

1. 游戏器具

结实、不容易滑手且耐磨的麻绳1根。

2. 游戏步骤

（1）在平整的室外场地上，用白灰画出彼此相距2米左右的平行线作为游戏活动双方的限制线。

（2）两组队员人数相等，列成横队，两队队员均背向中间，要求站在限制线后，双臂高举至头顶，直臂握住绳子。

（3）待裁判员发令后，双方队员用力在头上拔河，努力将对方拉过自己这侧的限制线。

（4）最终能够将对方最靠近限制线的队员拉到自己队这一侧的队获得此轮胜利。为保证安全，没有裁判员的哨声，中途队员绝不能松手。

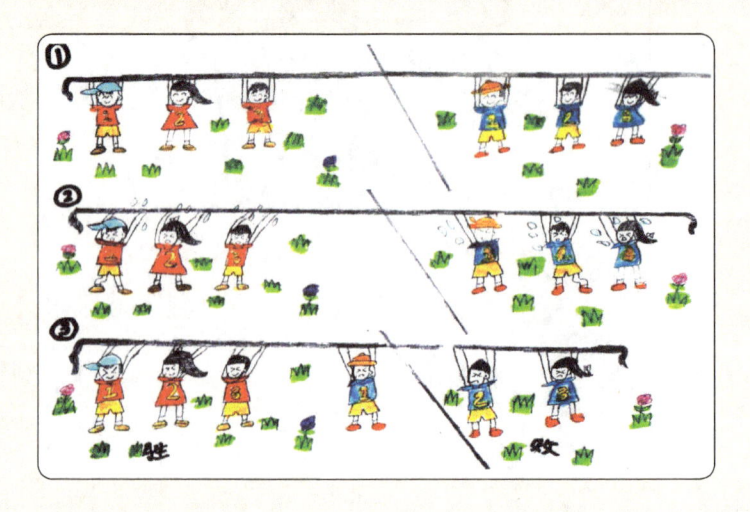

16 蛇龙

推荐人：曹海清

蛇龙是一种主要流行于景颇族地区的闲暇游戏，因游戏中玩者模仿蛇龙前行的动作而得名。闻一多在其所著的《伏羲考》中认为："龙的主干部分和基本形态都取自于蛇。"而在民间社会中，很多人将十二生肖中的蛇叫作"小龙"。由此可见，两者的关系十分密切。

在中国古代社会，蛇作为一种信仰（女娲信仰）长期存在，而龙是中华民族的一种图腾的象征。因此，一直到现在，蛇与龙都作为一种信仰存在于人们的意识中。

游戏过程

（1）比赛期间，所有人排成一队。后者抓住前者的衣摆，第一个人扮演龙头，后面有一条长长的"尾巴"，像蛇一样游动。

（2）游戏中，两个人伸出手，抬起头来建造一座拱桥。蛇龙队依次弯下腰，快速冲过桥，看起来像一条摆动尾巴的长蛇。

（3）当所有人都从桥下经过后，另外两个人伸出手去建桥，然后"蛇龙"继续过桥。

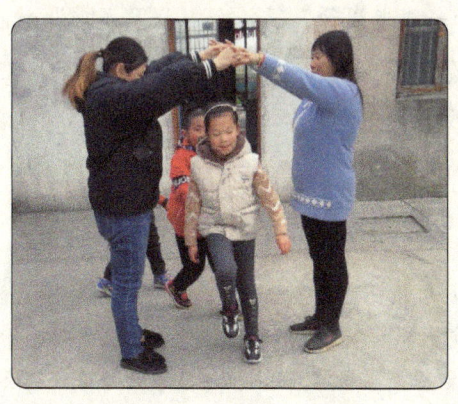

（图片来源：如皋市安定小学 二（8）班 侯丁溢）

17. 接龙珠

推荐人：冒晓燕

接龙珠是一项有趣的表演性游戏。数名学生手持一截半圆管排成一列，接力将一只篮子里的"龙珠"运送到另一只篮子里。孩子们在游戏中进行自主探索，培养控制平衡能力及与同伴合作的能力。

游戏过程

1. 游戏道具

半圆管道、"龙珠"、篮子等。

制作半圆管道和"龙珠"：

（1）半圆管道：将长40～50厘米、直径约10厘米的毛竹或塑料水管对半劈开，即可形成两个半圆管道。

（2）"龙珠"：可以用乒乓球、玻璃球或其他小球充当。

（图片来源：如皋市安定小学四（11）班 许沁蕾）

2. 游戏步骤

接龙珠游戏要有两人以上参加，人数越多难度越大。游戏者站成一排或环形，每人手持一截半圆管，第一个人将"龙珠"放在半圆管上，倾斜半圆管，使其徐徐滑落。相邻的一人用半圆管接住，再按照相同的方法把"龙珠"传递给另一个人，依次传接。若"龙珠"掉到地上，游戏就要重新开始。

趣味链接

进阶玩法：每人拿着一截半圆管滚球，所有人将手中的管子对接，排成一列组合接龙珠。管头的人将一个"龙珠"放在管头，然后略微抬高管头，降低管尾，"龙珠"便乖乖地滚到终点篮子里。玩的人多，就必须拉长起点篮到终点篮的距离。"龙珠"从管头滚到管尾，就会落到终点篮里。过程中注意控制好管子的角度和"龙珠"滚动的速度，防止速度太快，"龙珠"滚到外面去。

第二章 游戏在课间午后

18　趣味赛跑

推荐人：曹海清

趣味赛跑是苗族青年在每年一次的花山节中经常开展的传统游戏。主要包括织麻比赛、穿针比赛、穿衣比赛等。苗族青年在游戏中展示他们的智慧。

游戏过程

1. 游戏道具

刺绣针、棉线、乒乓球。

2. 游戏步骤

穿针比赛：比赛前，要求每个人用左手捏两根刺绣针，用右手捏两根绿色线。在裁判发出开始的命令后，每个人都在跑步时穿针。以最快的速度完成并将两根线穿过小针孔的人即为获胜。另一种方法，比赛开始后，表演者迅速将三根针的针孔对齐，一次将线穿过三个针孔，然后跑向终点线。每组前两名进入决赛，最后决定最终获胜者。

（图片来源：如皋市安定小学二（8）班　施嘉俊）

运球比赛：颠乒乓球进行趣味赛跑，可设置一定障碍物，颠乒乓球绕过障碍物，乒乓球掉落返回原点重新开始，比一比谁的速度最快。

趣味链接

用筷子夹弹珠至一定距离外的容器里，看谁运的弹珠最多，速度最快。

19 写"王"字

推荐人：丁奕羽

> 写"王"字是在我国各地广泛流传的一种民间传统游戏。游戏主要包括写"王"字和抓人两个环节。此游戏有助于提高玩家的反应能力。

游戏过程

1. 游戏道具

准备粉笔、石块或木棍等可以在地面书写的工具。

2. 游戏步骤

（1）用"石头剪刀布"的方式选出一位输家，输家背对在场地一端的地面或墙壁。其他人到场地的另一端，中间相隔约10米，听口令一起向输家方向运动。

（2）输家开始在地上或者墙壁上写"王"字后，后面的人就要一起去触碰输家的背部，在跑的过程中，如果写"王"字的人回头，他们就要赶紧停下，且不能做任何动作，否则就出局。

（3）当他们成功触碰后就要赶紧折返跑，跑得越远越好，直到写"王"字的人喊"停"。至于何时喊"停"，这都要等写"王"字的人凭借感觉认定身后的所有人都已经触碰了自己的背部后，才可喊"停"。

（4）当写"王"字的人确认没有人动后，则向任意方向跨3步，跨步过程中，用手先拍到原先身后的谁，谁就出局。若所有人都成功返回到起点线，且写"王"字的人未拍到任何一个人，则他再当输家写"王"字，重复刚刚的游戏，直到找出下一个输家为止。

（5）出局的人要又一次通过"石头剪刀布"的方式选出输家，即下一个写"王"字的人，之后进行下一轮游戏。

第二章 游戏在课间午后

（图片来源：如皋市安定小学 四（11）班 杨以）

趣味链接

"王"字是常用汉字，"王"也是中国姓氏中的大姓。"王"字在古代是一国君主的称号，是百姓敬仰的人，有着至高无上的权力。所以，将"王"字用于游戏中书写的汉字更能够被人们广泛接受与认可。随着时代的演变，有的地区的玩家在这一游戏中所书写的字为"大"字，所以，这一游戏又称"写'大'字"游戏。

语言类游戏

1　盲公猜人

推荐人：冒晓燕

盲公猜人？乍听起来是不是以为跟盲人摸象差不多？其实玩法大不相同。盲公猜人是一种闲暇游戏，在全国大部分地区都流行。这个游戏属于团体游戏，可以多人参加，能考验同伴之间的了解程度和默契程度。

游戏过程

1. 游戏道具

木棒、椅子。

2. 游戏步骤

◆玩法一

（1）开始前，先选出一人当"盲公"，蒙住眼睛，手拿一个小棒，其他人围着盲公站成一个圈，盲公站在圆圈中间，准备猜人。

（2）游戏开始，大家围着盲公转圈，盲公随时喊停止。盲公用棒随机指向一人，接着，盲公模仿一种动物的叫声，要求被指的人立即进行模仿。

（3）如果盲公猜中被点中之人是谁，则盲公获胜，这个人要与盲公交换位置，作为下一轮游戏的盲公；如果盲公没猜中，则游戏继续。

◆玩法二

（1）与玩法一相同，盲公蒙眼坐在中间，大家围成圈坐下，但是可以随时变换位置，换位置时不要发出声响，尽量不要让盲公发现。

（2）游戏开始，盲公随机摸索着走向一个人，坐到这个人的膝盖上

（每个人都可以事先把垫子或衣服放在膝盖上），但盲公不能用手摸这个人。

（3）被坐的人要保持静默，不能发出声音。而盲公只能凭自己对同伴们的了解等进行猜测。同样，盲公猜中，则这个人与盲公交换位置；盲公没猜中，则游戏继续。

◆ 玩法三

（1）大家站成圈，围着盲公转。

（2）在大家转圈停止之后，盲公随意指向一个人，这个人被称为"盲猫"。如果盲猫是个男生，那么他要对着自己最近的一个女生，大声学一声猫叫；如果盲猫是个女生，则她要面对最近的一个男生大声学一声猫叫。

（3）盲公听到声音后，判断这个盲猫是谁。被猜中的盲猫要做下一轮的盲公；没猜中的话，游戏继续。

（图片来源：如皋市安定小学四（11）班 许沁蕾）

趣味链接

有关捉迷藏的歇后语：

操场上捉迷藏——无处藏身

飞机上张网——捕风捉影

砍倒树捉麻雀——小题大做

2 飞船和流星

推荐人：冒晓燕

> "飞船和流星"是一种手部的叠罗汉游戏，强调手部动作与歌谣念唱相结合。这个游戏只需动口动手，方法简单，尤受少年学生的喜爱。

游戏过程

"飞船和流星"游戏需要多人参加，人数越多越好玩。

1. 游戏参与者甲伸出一只手，并竖起大拇指，其他手指合拢握拳。

2. 乙做出同样的手部造型，放于甲的手上，且握住其大拇指。

3. 如图，丙也做出同样的手部造型，放于乙的手上，且握住其大拇指。

以此类推，游戏参与者的手由低到高连接起来，在相互抓握成塔形的同时，大家还要念唱歌谣："小星星，亮晶晶，一闪一闪眨眼睛，我是小小飞行员，飞到太空捉星星。"手在最下面的甲当"飞船"，其他人当"流星"。歌谣念唱完，所有人的手抽出，当"飞船"的甲迅速捕捉其他"流星"，要握住"流星"的大拇指才算成功。被捉到的"流星"将会成为下一轮游戏中的"飞船"。

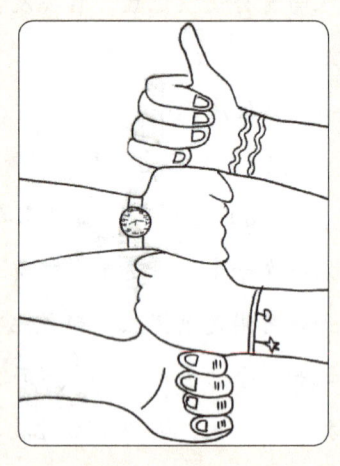

（图片来源：如皋市安定小学四（11）班 宗苏赟）

趣味链接

跟这个游戏有异曲同工之妙的是抓手指游戏。一人伸出手掌,掌心向下平伸。其他人按照一定次序报数,分为"奇数""偶数"两组,他们伸出各自的右手食指,一起放在伸手掌的人的掌心下。伸手掌的人随机地喊"奇数"或者"偶数",同时立即合掌。如果喊"奇数",则序数为"奇数"的人迅速把手缩回去,偶数的保持不动;反之,如果喊"偶数",则序数为"偶数"的人迅速把手缩回去,奇数的则保持不动。如果有谁反应错误,该逃未逃或者该留未留,那么他就算输了,要表演一个节目。一轮结束之后,游戏重新开始。如果没有人出错,下一轮可以重选一个当抓手指的人。

3 蒙猫猫

推荐人:曹海清

蒙猫猫又叫"神仙过海"。蒙猫猫游戏中并没有真正的猫,而是一种比喻的说法,形象地说明了游戏者的状态。俗话说"八仙过海,各显神通",游戏中的"神仙"也会展示各自的"功夫"让人猜,这样既培养了游戏者的推测能力,也培养了和同伴的默契度。

游戏过程

1. 游戏道具

丝巾。

2. 游戏步骤

(1)在游戏开始之前,需要选择一个有良好语言表达能力的人来做"蒙手",并负责描述玩家的行为。它可以通过猜拳来决定,其他玩家中的一个被选为"被蒙者",而其他人成为手势者。

(2)在游戏开始时,被蒙者的眼睛被丝巾盖住。其他人依次从被蒙者的人身边经过,并做动作(如学猴子走路、学大象摆动鼻子、学兔子跳等)。

（3）每次经过一个人时，蒙手就要描述这个人的动作，但不能说出手势者的真实姓名。在每个人都通过并完成动作后，蒙手可以选择一个动作，让被蒙者猜猜是谁做的。

（4）根据游戏总人数来确定被蒙者猜的次数。如果猜测是正确的，被猜测的人将在下一轮成为被蒙者。如果猜测错误，他仍然充当被蒙者，游戏继续。

（图片来源：如皋市安定小学 二（8）班 阮腾歆）

趣味链接

关于蒙猫猫，还流传着很多童谣，比如：
蒙猫猫，躲老耗，老耗躲稳点，老猫来拉着。
一碗油，二碗油，送猫猫撑皮球。
一碗水，二碗水，送猫猫撑小鬼。

4 包饺子

推荐人：曹海清

包饺子是中国北方流行的民间传说游戏。饺子，作为一种面食，深受北方人的喜爱。包饺子是一个模仿包饺子过程的游戏。包饺子游戏的参与者越多，它就会越有趣。一般来说，大约需要8个人来玩这个游戏。

游戏过程

（1）游戏开始前，所有参与者手拉手站成一排，并选择其中一个作为领导者。

（2）准备工作完成后，游戏开始。领队带领每个人读童谣，同时沿着一个螺旋形的圆圈走向圈内："卷、卷、卷白菜；剁、剁、剁肉肉；和、和、和面粉；擀、擀、擀饺子皮；包、包、包饺子；烧、烧、烧饺子；尝、尝、尝饺子。"

（3）读完儿歌后，领队边读儿歌边带大家走出圆圈中心，最后形成一个大圈。

（4）形成一个大圆圈后，每个人都面向圆心松开手，然后一边读儿歌，一边根据儿歌的内容做模仿动作。例如，当念到"卷白菜"时，所有的参与者都会弯腰并用手做出卷白菜的动作；当念到"烧饺子"时，每个人都要做出饺子在锅里翻滚的动作等。

趣味链接

饺子是北方常见的一种面食，至今仍保留"冬至吃饺子""除夕包饺子"等习俗。有关包饺子，还有这样一段童谣：

除夕夜，年三十儿，
一家人围着包饺子儿。
你来和面揉剂儿，
我来剁肉调馅子儿，
再给嫂子派个活儿，
就让她来擀皮子儿。
一个个都是软乎乎的，硬不筋儿的，
圆溜溜的，一般大的，一样薄的，
像张纸的，真是好手艺儿。

（图片来源：如皋市安定小学二（8）班 王若迦）

5 萝卜蹲

推荐人：丁奕羽

萝卜蹲，又称"蹲蹲乐"，是一种民间的传统游戏。游戏者轮流一边做身体下蹲和起立动作，一边念出不同颜色或形态的萝卜名称。此游戏有助于锻炼大脑，促进血液循环，训练注意力的敏捷性。游戏被普遍应用于休闲娱乐中，可重复性高，操作简单，趣味性强。

游戏过程

1. 将游戏参与者平均分成多组，一般3队或以上，每队人数不限，可以是1队1人或多人。给每个队选定一种颜色，如红、白、蓝、绿等。

2. 先指定一种颜色的萝卜队，如以白萝卜队作为开始，则此队中的所有游戏参与者都要一起念"白萝卜蹲，白萝卜蹲，白萝卜蹲完X萝卜蹲"，并根据节奏做下蹲动作。X为在场任意其他一种颜色，白萝卜队在指定时，需商定好X为哪种颜色，如果白萝卜队员未统一喊出同一种颜色，则白萝卜队输。X若为红，则红萝卜队的游戏参与者需

（图片来源：如皋市安定小学四（11）班 许沁蕾）

要在听到所有白萝卜队成员的指令后，齐念"红萝卜蹲，红萝卜蹲，红萝卜蹲完Y萝卜蹲"，且做下蹲动作。如此循环，直到有人出错为止。游戏过程中，若出现反应不及时或者有人指定了规定颜色以外的颜色均淘汰。输家接受惩罚后，可再分队，重复此游戏。比赛过程中可以由观众配合喊口号并逐渐加快速度，这样难度也随之增加了。

趣味链接

若想增加游戏难度,可以试着玩一玩带有角色扮演的萝卜蹲游戏。每个游戏参与者先选定一个角色,如白雪公主、海绵宝宝、蜘蛛侠等。根据自己所要扮演的角色搭配服饰,或者戴上写有角色名称的纸帽,且每人必须结合头部和手臂设计出一个符合自己角色特征的表情或动作,用于与下蹲动作同时进行。比如扮演白雪公主的游戏者需一边念"白雪公主蹲,白雪公主蹲,白雪公主蹲完×蹲"。在游戏中叫错角色名称或做错表情和动作的人都将接受惩罚。

6 点豆豆

推荐人:蒋小波

点豆豆是一种肢体动作与歌谣念唱默契配合的民间传统游戏,在全国各地流传广泛,适合学生玩乐。

游戏过程

◆玩法一:两人游戏

1. 游戏开始时,一人先伸出手臂,掌心向上。另一人则伸出食指,放到对方掌心中。

2. 两人一起念歌谣:"金锁银锁,嘎啦啦一锁!"当双方念到最后一个"锁"字时,张开手的一方迅速握紧手掌,反应迅速地抓住对方的食指;另一方则应迅速抽离自己的食指。若食指不幸被对方的掌心包住,则需要被捉住的那一方念"开开开,开锁喽"!

3. 失败的一方要接受相应的惩罚,然后游戏继续进行,双方也可互换角色。

◆玩法二：多人参与

1. 挑选出一位游戏参与者，蒙上他的眼睛。游戏开始时，被蒙眼者的手掌需打开，掌心向上，其他游戏参与者的食指指头向下触在他的手掌中。

2. 游戏开始后，所有参与者念唱儿歌："点点豆，红豆绿豆，你拿我拿，一抓一大把。"当念到最后一个字"把"时，蒙面人立即合上手掌，其他游戏参与者同时抽回手指。

3. 谁的手指被捏住，谁就不能说话，还得让蒙面人猜出名字。蒙面人可通过摸触这个人的脸、鼻子、头发和衣服来判断这个人是谁。而且，蒙面人猜的次数，根据参与者的人数而定。人多，次数便多，最少为一次。蒙面人猜不出，需向大家认输，游戏继续进行。如果蒙面人猜出来了，那就与被握住手指的人互换角色，游戏继续进行。

7 词语接力

推荐人：曹海清

　　词语接力是词语联缀的一种智力游戏，也称为"词语接龙"，既可以用词或词组顶针蝉联，又可以用句子来顶针联缀。词语接力可分为限定式和自由式两种。限定式的词语接力，可以对词性、句式和类别等进行规定，确保游戏的规范性。在词性限定中，可按照词性的具体分类来限定，如限定用名词来接力，还可以进一步限定是一般名词还是名称接力。名称接力有"书籍名称接力""歌曲名称接力""电影名称接力""戏剧名称接力"等。自由式词语接力限定的条件很少，可任意选择词性、句式和类别，有时甚至不限定任何条件，只是为了应景，或调节气氛。

　　词语接力的流传范围很广，老少皆宜，各种文化层次的人都可以参与，也没有场合和时间上的限制。

游戏过程

◆玩法一：词语接力的比赛式玩法

可先将参与人员分为两组进行比赛，每组的人数可随机分配，但要求人数相同；再决定词语接力的形式。一种形式是只规定起句，不规定结句。两组人员商量起句是某个词或词组，然后两组参赛队伍交替出人接续词或词组，要求每个词或词组的开头字，必须是上一个词或词组的词尾字。例如：国家→家长→长大→大量→量力而行→行军→军事→事情→情形→形容词……哪一组连缀不上便是输了。

另一种形式是规定起句和结句。两组人员同时开始接力，并且在规定的时间内记录用词数，没有在规定的时间内完成联缀的那一组失利。如果两组都在规定时间内完成了词语联缀，那么从起句到结句，用词数量少的那一组获胜。如规定起句是"长江"，结句是"黄河"，若第一组的接力情况是"长江→江水→水田→田鸡→鸡蛋→蛋黄→黄河"，第二组的接力情况是"长江→江河湖海→海面→面对→对联→联系信→信口雌黄→黄河"。从词语数量来看，第一组用词量比第二组少，所以第一组获得胜利。还有其他形式的规定，比如同调两字词语接力，如高音→音箱→箱中→中心→心花→花香→香风→风声→声称……

◆玩法二：词语接力的自由式玩法

可以根据情境的需要，选择与之相关的词语来联缀。如在同学聚会上，可以用"同学"二字为起句，每个人轮流接词，所选择的词语应与同学相逢的气氛相协调，以此表达内心的情绪及愿望。诸如：同学→学有所成→成功→功标青史，等等。

8 背背

推荐人：曹海清

背背游戏是全国较为流行的民间传统游戏，又被称为"背背背""簸簸箕""背背上""背背驮""赶集""冲碓"。游戏过程中，两个学生背靠背，相互背对方，并唱念儿歌。

闲暇游戏
润泽儿童诗意人生 >>

游戏过程

◆玩法一："背背上"

主要流传于青海省撒拉族地区。

1. 游戏开始前，先推选两个身高和体重都相差不大的学生。

2. 游戏开始时，这两个孩子背靠背站着，双臂相互勾在一起，其中一个孩子把背弓起时就把另一个孩子背了起来，这样你背我，我背你，像是玩跷跷板一样。其他人则在一旁唱念《背背上》游戏歌谣，以增强节奏感。《背背上》歌谣内容为："背背上，你背我，我背你，粗木梳，细篦子，馍馍袋子，背靠背，胳脖套胳脖坐下来。阿奶，阿奶，照上灯盏，照上了没有？照上了。你起来吗？我起来，谁起来都一样。"该游戏也可推选出两个身高和体重差别很大甚至完全不一样的学生，这样在这两个学生互相背背时便增加了难度。

◆玩法二："赶集"

游戏具有角色扮演的性质，以"赶集"这一民间日常活动为游戏背景，两个学生为一组，轮流扮演赶集的人和他们身上所背的货物。扮演过程中，除了肢体的动作外还伴随着童谣，童谣的内容多以日常生活知识为主。

1. 游戏开始前，确定两个背背的人，条件不限。

2. 游戏开始时，相互背背人的动作同玩法一中的第2点。两个人一边相互背背，一边唱道："你往上来我往下，萝卜好吃个又大。背着水壶把集赶，走到半路往回返。"

3. 歌谣唱完后，他们又背对背地坐下，双臂仍然相互勾在一起，并一问一答地唱道："天上有什么？天上有月亮和星星。地上有什么？地上有深井。井里有什么？井里有只青蛙叫不停。青蛙叫什么？起来吧，我的小亲亲。"

4. 唱诵完歌谣后，两个人就应该站起来。但是，由于他们的双臂相互勾在一起，同时站起来的难度较大，因此，他们往往在地上滚成一团。这样，游戏便在大家的阵阵哄笑声中结束。

第2节　原创游戏

低年级游戏

1　跳一跳，摘桃子　　设计者：朱怡旭

适合年段： 低年级
游戏人数： 亲子游戏或小组比赛
游戏准备： 桃子道具
游戏地点： 室内
游戏过程：

一(6)班　朱怡旭

闲暇游戏
润泽儿童诗意人生 >>

2 游戏准备篇：

✓ 画若干桃子，剪下

✓ 桃子粘上细线，贴墙

Let's jump!

Tip:为了激发孩子兴趣，细线贴在墙上要有高有低噢~

第二章 游戏在课间午后

③ 跳一跳，摘桃子

看着有高有低的桃子，摩拳擦掌，跃跃欲试！

铆足劲儿，一纵而跃，恰到好处地摘下一个桃儿！

剩下那个最高的桃儿了，试了又试，跳了又跳，还是差一点！

闲暇游戏
润泽儿童诗意人生 >>

④ 跳一跳，摘桃子

数一数，一共摘了五个桃子！

虽然最高的那一个，还是没能摘下来！不过这丝毫不影响成就感！

那个桃子先别笑，明天再把你摘下！

5 结束篇：跳一跳，摘桃子 *jump*

一场跃跃欲试，
收获了成功、喜悦，
还有不懈的努力……
Never give up!

安定小学
一(6)班　朱怡旭

温馨提示

Tips:

1. 桃子贴在墙上一定要有高有低,给孩子挑战,也给孩子成就感。

2. 跳的时候一定要注意安全,可在周围垫上软垫子。

夸夸我的创意

低年级的小朋友爱挑战,更爱挑战成功后的成就感。小小一跳大学问,再高再难我都能!

2　戏剧游戏1、2、3

设计者：陈嘉雯

适合年段： 低年级

游戏人数： 两人或多人

游戏场地： 任何地方

难度系数： 中高

游戏类别： 逻辑思维类

游戏过程： 以两人（一男一女）为例

1. 两人并排站立，轮流数数（1、2、3）。女生说"1"，男生说"2"，女生说"3"，男生说"1"，女生说"2"，男生说"3"，以此类推，谁出错或延迟算输。

↓　　↓　　↓　　↓　　↓　　↓
说1　说2　说3　说1　说2　说3　以此类推

难度升级：

2. 两人并排站立，轮流进行（1、拍手、3）。女生说"1"，男生拍手，女生说"3"，男生说"1"，女生拍手，男生说"3"，以此类推，谁出错或延迟算输。

↓　　↓　　↓　　↓　　↓　　↓
说1　拍手　说3　说1　拍手　说3　以此类推

77

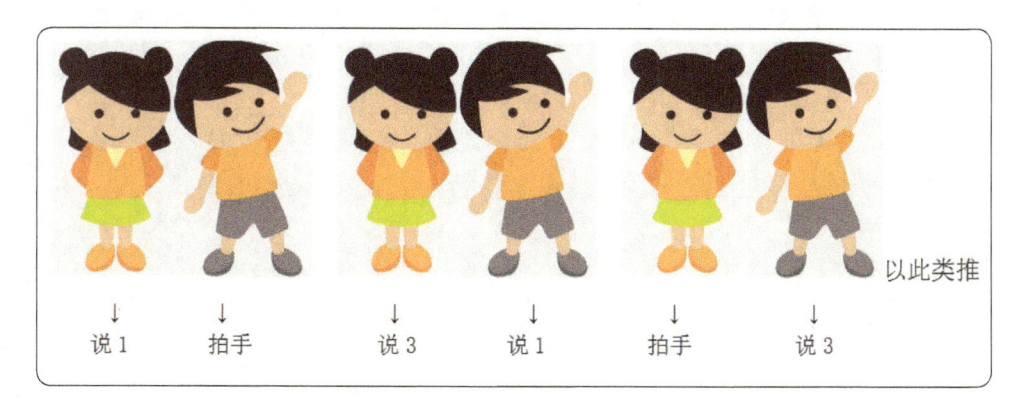

闲暇游戏

润泽儿童诗意人生 >>

3. 两人并排站立，轮流进行（拍手、2、下蹲）。女生拍手，男生说"2"，女生下蹲，男生拍手，女生说"2"，男生下蹲。以此类推，谁出错或延迟算输。

↓	↓	↓	↓	↓	↓
拍手	说2	下蹲	拍手	说2	下蹲

以此类推

温馨提示

参加者越多，游戏难度越大，越有趣。可把数字替换成不同的动作。

夸夸我的创意

此游戏可提高孩子的专注力及记忆能力。

3 森林里的迷宫

设计者：张馨予

适合年段： 5～9岁

游戏人数： 1～2人

游戏准备： 笔和纸

游戏场地： 不限

游戏过程： 这是一片神奇的森林，得根据森林女神的指令向前走，不然你会迷路的，沿途你会欣赏到很多美丽的风景。当然，回家的路线有很多种，那就得靠你动脑筋思考了。

★ 闲暇游戏
润泽儿童诗意人生 >>

80

第二章 游戏在课间午后

闲暇游戏
润泽儿童诗意人生 >>

哈!原来这家伙是要回家。小松鼠的家就在这棵橡树上,这棵大树很了不起,我们可以用它盖房子、做家具,或用它的木材来烧火取暖。它结的果实,橡子就是松鼠特别喜欢吃的果子。听说,女孩吃了可以美容养颜。讲完吃的东西,到第7页的瀑布去看看,你也可以继续走,翻到第4页。

呼——终于爬上来了!我们站在大树上这下安全了。现在让我来给你介绍一位新朋友:雀鹰。它是一个捕捉猎物的好猎手。走,让我们抓紧雀鹰的翅膀,一起到第8页去空中看森林。如果你想继续走,那我们就在第6页碰头。

82

第二章　游戏在课间午后

在河边小憩，喝几口清凉的水，是不是很舒服呀？
许多动物都喜欢在清晨或太阳下山后，来河边饮水休息。
休整完毕，我们一起去昆虫的世界看看吧！请翻到第9页。

俯瞰整个森林，是不是很美丽呢？
尽情欣赏春天的五颜六色吧，到了冬天，就是另一番景象了。我会披上雪白的大袄，森林里的小路会被白雪覆盖。
每个季节，都有自己的宝藏(zàng)：
秋天，我会用落叶做成红色大衣，在你的脚下嘎吱作响；
夏天，我会在路边为你准备各色鲜花和水果。
咦？你听到什么声音了吗？去第10页看看？

83

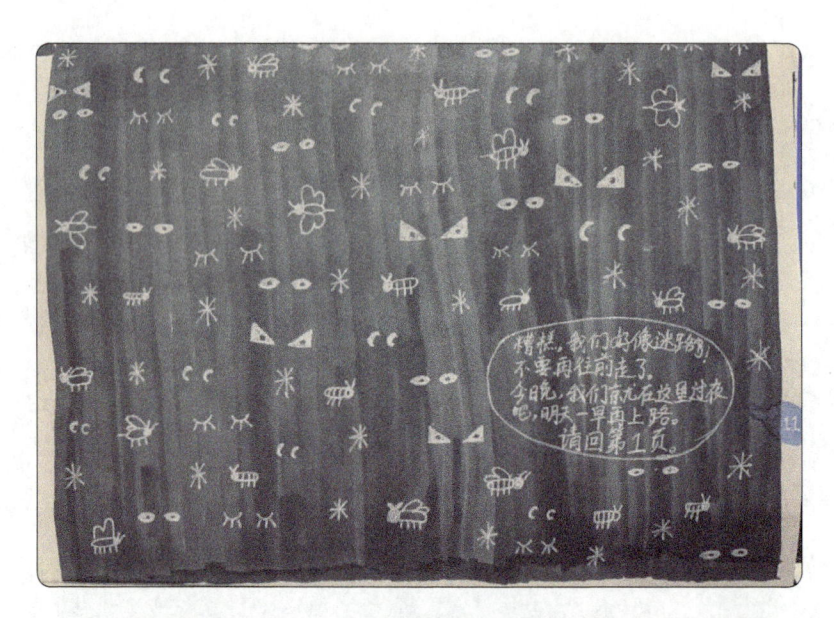

闲假游戏
润泽儿童诗意人生 >>

糟糕,我们好像迷路了,
不要再往前走了。
今晚,我们就先在这里过夜
吧,明天一早再上路。
请回第1页。

11

你看,这是獾(huān)的一家。
獾,是很棒的地下隧道
挖掘家。它们挖掘的
地洞有时会有多达四十九
个洞口,还有许多房间。
而且它们会把自己藏
得很好,让人很难找到。
天快黑了,我们回家吧。

下一次,玩的时候,可以
选择不同路线,沿途尽览
不同风景。
回头见……

12

84

第二章　游戏在课间午后

> **温馨提示**
>
> 游戏好玩，可不要贪玩哦！要控制好玩耍的时间。

夸夸我的创意

　　这是一本游戏绘本，以绿色森林为背景，吸引孩子们好奇的目光，提高孩子专注力及思考能力。

85

| 4 | 投篮比赛 | 设计者：沈俊铭 |

适合年段： 6 岁以上

游戏人数： 两人或多人组队参加（双数）

游戏准备： 篮球 1 个，计时器 1 个，记分表 1 个

游戏场地： 室内或室外篮球场均可

游戏过程： 由裁判宣布游戏规则

1. 两人对决，也可多人组队参加。双方可各派出 1 名队员当监督员，分两组进行比赛；游戏可分限时进行投篮，相同时间内哪方进球最多获胜。

2. 双方在裁判的评判下决定上场比赛的顺序。先出场的一方在限定时间内逐一投篮，时间可定为3分钟。到点停止投球，记录进球数量。

3. 另一方在同样时间下进行投篮，3分钟停止投球，并记录进球数量。

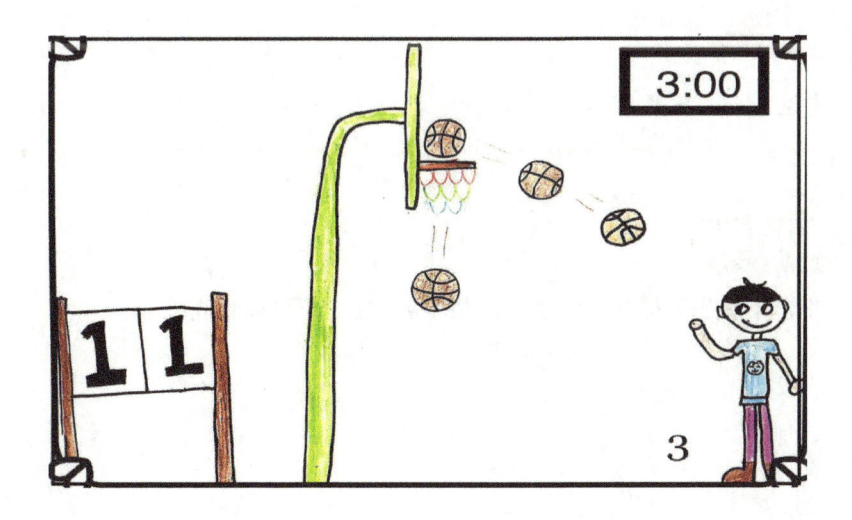

4. 双方停止投球，由裁判进行公平公正的评判，进球多的一方获胜，可得到相应的奖品，输的一方将要接受相应的惩罚。

温馨提示

友谊第一，比赛第二。

夸夸我的创意

打球可以提高人的弹跳力、身体的协调性，还可以长高哦。

5 疯狂捕鼠

设计者：沙平烨坤

适合年段：不限

游戏人数：两人或两人以上

游戏准备：1个有盖纸盒，彩色卡纸，双面胶，1双筷子

游戏场地：不限

游戏过程：

1. 将纸盒两端开大小适合的洞口；
2. 手工制作足够的纸老鼠；
3. 准备两个足够套住老鼠身体的圆圈；
4. 把圆圈跟筷子黏起来，做成捕鼠器。

闲暇游戏

润泽儿童诗意人生 >>

游戏规则：

1. 小老鼠放在盒子里盖上盖子；
2. 用捕鼠器从侧边伸进去套住老鼠；
3. 在规定的时间内，看谁套住的老鼠身上的分值加起来高谁获胜；
4. 游戏开始后，不允许看盒子内老鼠的排列顺序。

温馨提示

捕鼠器的圈儿要比小老鼠大一点。

夸夸我的创意

这个"疯狂捕鼠"小游戏可以锻炼孩子们的反应能力和动手能力，比比谁更眼疾手快。

6　趣味猜昆虫

设计者：李传昊

适合年段：6 岁以上

游戏人数：6～12 人

游戏准备：3 人一组，至少分两组

游戏场地：宽阔场地

游戏过程：每两组进行比拼，一组根据题目模仿昆虫的声音或动作，另一组负责猜。在规定时间内，猜出昆虫多的一组获胜。获胜组再两两比拼，决出最终冠军。如出现平局可加赛一轮。

昆虫谣

猜昆虫，真有趣。学声音，学样子。
螳螂大刀寒光闪，蚕儿吐丝无人比。
蛐蛐是位音乐家，蚂蚁懂得要团结。
蜜蜂数它最勤劳，蝴蝶身穿花衣裳。
昆虫世界很奇妙，等你一起来探索。

温馨提示

可以直接出题目，也可以提前准备卡片。时间可以设定为1分钟或2分钟。

夸夸我的创意

通过游戏了解昆虫，还可以锻炼大家的团队合作能力、肢体语言表达能力和反应能力。配合自己创作的儿歌，更有助于记住昆虫的特点哟！

7　搜捕逃犯

设计者：张梓钦

适合年段： 不限

游戏人数： 3 个

游戏准备： 8 张小桌子，2 块手帕

游戏场地： 不限

游戏过程： 首先将 8 张小桌子拼成一张大长方形桌面。一人当逃犯，一个人当警察，最后一个当裁判。用手帕蒙住警察和逃犯双眼，将他们分别带到大桌面的两个对角上。裁判发令后，两个人手摸着桌子走，一个逃，一个追，逃犯需要躲开警察的追捕，而警察需要快速抓到坏人。两人需要蹑手蹑脚地走动，不发出任何声音，以免对方知道对方的位置，如最终两人撞在一起，就算警察抓到坏人了。接着互换角色，继续上场游戏。

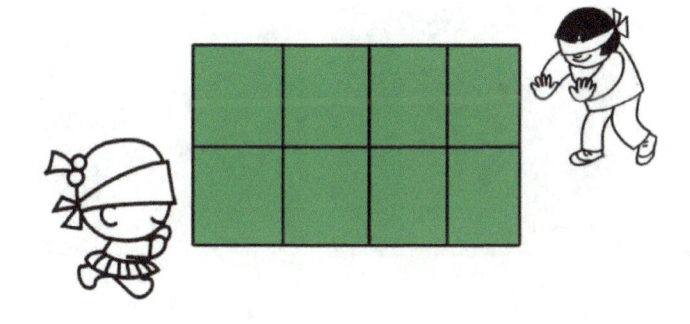

温馨提示

围观者只能笑，不得明示或者暗示哦。

夸夸我的创意

锻炼反应能力和灵敏性，感受无声的世界！

| 8 | 吹硬币 | 设计者：吕沛沄 |

适合年段： 1～6年级

游戏人数： 一组2人，可多组同时进行

游戏准备： 1张课桌，足够多的硬币

游戏场地： 室内或室外均可

游戏过程： 石头剪刀布三局两胜，胜者先开始吹，硬币吹翻面得分。

> 游戏过程中一次只能对1个硬币吹一下。

游戏过程： 将一角硬币同一面整齐排放在桌边，然后用力吹气，吹翻即算赢，没有吹翻的不得分，并且表演一个才艺！

温馨提示

硬币摆放要整齐哦！

夸夸我的创意

通过游戏，锻炼大家的肺活量，也可以培养团队合作能力。

9　纸杯游戏

设计者：鞠梓凡

适合年段：6～12岁

游戏人数：2人

游戏准备：1张小桌子、1个杯子，还有若干个小球

游戏场地：适合亲子居家或者学校

游戏过程：家长准备一些小圆球在桌子的一端，孩子拿着纸杯在桌子的另一端，家长一个接一个向另一端放出小球，孩子要用纸杯全部接住。

温馨提示

游戏过程中，可根据孩子的适应能力播放一首带旋律的音乐，来增强节奏感。

夸夸我的创意

1. 手眼协调
2. 视觉追踪
3. 增进感情

可互换角色

中年级游戏

| 1 | 数字炸弹 | 设计者：叶心 |

适合年段： 任意

游戏人数： 两人及以上

游戏准备： 笔，纸，惩罚道具（充气锤子、毛绒玩具等）

游戏地点： 任意

游戏过程：

1. 所有小朋友面对裁判团团坐。

2. 裁判在纸板上写下任意一个数字，并告诉小朋友们该数字所在的范围（比如 1～100）。

3. 小朋友们按照顺时针或者逆时针的方向开始猜数字。

4. 小朋友们每说出一个数字，裁判都要缩小范围（比如：原先范围 1～100，小朋友猜出 15，裁判缩小范围 15～100，注意纸上写的数字必须在范围以内）。

第二章　游戏在课间午后

5. 若小朋友猜中了纸上写的数字，就要接受惩罚（可用充气锤子或毛绒玩具等砸一下）。

温馨提示

1. 和小朋友一起玩时数字不能太大。
2. 惩罚的时候安全第一哦！

夸夸我的创意

数字炸弹是益智类游戏，小朋友能够对数字更加了解，增强记忆力，提高思维能力。

99

| 2 | 手忙脚乱 | 设计者：马雨轩 |

适合年段： 中高年级
游戏人数： 人数不限
游戏准备： 呼啦圈（或卡纸）
游戏地点： 田径场
游戏过程：

1. 将参与游戏者平均分成4大组，各组再分成3人一小组并按1、2、3编号，站成一横排，每人一个呼啦圈。
2. 比赛开始后，3人把呼啦圈摆平在地上（如图所示）。
3. 1号跳圈，2、3号负责把呼啦圈前移。
4. 1号跳过交换线后，换2号跳，1、3号移圈。
5. 2号跳过交换线后，换3号跳，1、2号移圈。
6. 到达终点线后3人共同举圈，下一组同学继续比赛。
7. 剩下的同学依次进行，先完成的小组获胜。

温馨提示

1. 各组之间的距离要适当。
2. 跑动的同学要错开跑，避免碰撞，注意安全。
3. 若人数不能平分也可2人一组。

夸夸我的创意

"手忙脚乱"属于跑跳类游戏，此游戏不仅能增强体质，还能培养同学们的集体主义精神，团结合作，遵守规则，相互配合，相互学习。

| 3 | 偷小棍游戏 | 设计者：王洪诗琪 |

适合年段： 6 周岁以上
游戏人数： 8 人以上（人数需 4 的倍数）
游戏准备： 绳子、小棍（可以用石头、小旗、筷子、画笔等替换）、气球
游戏地点： 操场或草地（较大的空地即可）
游戏过程：

1. 首先将场地分成两部分，并画好中间线作为"楚河汉界"，选一个角落当"快乐小屋"，另一个角落当"百宝箱"用来放置小棍。把人分成两组，分别为红队和蓝队，在每一队的百宝箱各放 5 根以上的小棍。每一队的人员需要 2 人为一小组，两个人要把脚踝处绑在一起，且两人之间需要夹一个气球，若在对方半场，气球掉了，需要重新回到己方半场进行进攻。

闲暇游戏

润泽儿童诗意人生 >>

2. 游戏的目的就是在不被对方抓到的情况下偷走对方的小棍，选手一过楚河汉界就有可能被抓进"快乐小屋"，只有己方队友碰一下被抓两人的手才能解救他们。任何一方把对方所有的小棍都偷过来，并救出了自己所有的队友，即可取得胜利。

3. 游戏之前双方应选出队长作为己方团队指挥，双方队长召集己方人员通过头脑风暴确立己方的游戏策略。两人脚踝绑一起行走时容易摔倒，这就需要队友之间的默契配合，相信这个小游戏既能让参与者体会到"身陷囹圄"的痛楚，又能体验到团队协作的魅力。

温馨提示

同步走，速度一致，才不容易摔倒。

夸夸我的创意

这与一般的足球游戏类似，但又有不同。它同时又是一个两人夹气球的足球游戏，这需要团队的协作与坚持才能获胜。

4　毛毛虫赛跑

设计者：冒佘沛

适合年段： 不限

游戏人数： 两人或多人

游戏准备： 1. 先准备一张正方形的彩纸、水笔、剪刀和吸管。将彩纸对折，剪成 2 厘米宽左右的长条；长条再由两边向中间对折成 1 厘米宽左右的小长方形（两边一定要同时向内对折，拆开后才能使毛毛虫背部拱起来，但不能拱太高，不利于爬行）；将小长方形的四个角用剪刀剪成圆弧形；最后打开折纸，给毛毛虫画上眼睛和嘴巴。多准备几只毛毛虫，后面待用。

2. 准备毛毛虫的直线或曲线赛道，指定的赛道需设计 4 个关卡。第一关是"宝藏"，第二关是"城堡"，第三关是"恶魔"，第四关是"监狱"。

3. 准备一些小奖品，例如本子、笔、贴画等。

游戏地点： 桌面或平地

游戏过程： 两人或多人同时参加比赛，将毛毛虫放在同一起点。比赛开始后，同学们俯身用吸管吹毛毛虫，使其前进。因为同学在吹气时需要换气，这是一个间歇过程，所以当毛毛虫正好爬到第一关"宝藏"时（这里的正好是指毛毛虫的头部到达关卡点），这名同学将获得一个奖品。而当毛毛虫正好爬到第二关"城堡"时，可以获得一个备用毛毛虫。当毛毛虫正好爬到第三关"恶魔"时，它将会被"恶魔"吃掉，如果你没有备用毛毛虫，那么就输掉了比赛。当毛毛虫正好爬到第四关"监狱"时，必须待在原地不动，停留 20 秒后，再继续前行。整个过程，如果毛毛虫在前进途中出了赛道，那么将会被淘汰。如果同时到达终点，用时最少的算胜利；不能同时到达终点的，坚持到最后的算胜利，胜利者获奖品。

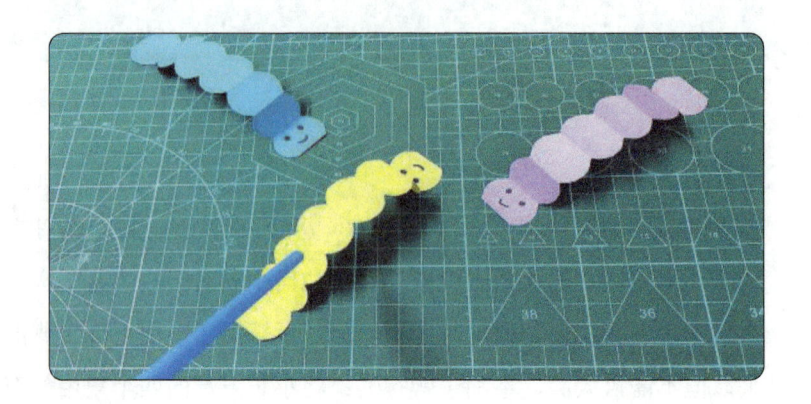

温馨提示

  此游戏不仅能锻炼同学们的口腔肌肉，增加肺活量，还能协调手和口的力量。如果太用力吹，容易出轨道，反而输了比赛。需掌握一些技巧，吹的力度要控制好，不能翻"车"。最后还要注意吹吸管的部位。

夸夸我的创意

  游戏需准备的材料简单易得。游戏设置了奖品，能够很好地调动同学们的积极性；游戏关卡的设计，也能激发同学们比赛的兴趣。游戏虽简单，却不乏味。没有年龄界限，亲子互动更有趣。

5　比喻句接龙

设计者：王思绮

适合年段：7 岁以上

游戏人数：不限

游戏准备：麦克风、裁判

游戏地点：不限

游戏过程：1. 裁判出题，说一个比喻句。

2. 第一个抢到麦克风的同学先说，必须以前一个比喻句的尾字音开头说比喻句。

3. 以 10 个句子为标准，看谁说的比喻句多，谁就获得胜利。

温馨提示

1. 不能和别人说得一样，必须要有创意；2. 抢麦克风的时候要注意安全。（也可以采用气泡、卡通娃娃等形式）

夸夸我的创意

1. 可以锻炼孩子的语言表达能力；2. 随时随地都可以玩；3. 人数、地点不限；4. 可以作为亲子游戏。

6 我来猜

设计者：范译励

适合年段： 中年级段

游戏人数： 6人及以上

游戏准备： 布袋、盒子类1个，纸条若干

游戏地点： 教室外的走廊

游戏过程：

1. 在纸条上任意写几个学习用具的名称（图1）。
2. 将文字朝内把纸条卷起放入盒子（图2）。
3. 游戏开始啦，分为红蓝两队，每队除1号玩家，其他玩家蒙上眼睛。1号玩家随意抽取一张纸条，看到词后将纸条扔掉，接着，2号玩家摘掉眼罩，1号玩家要用动作、语言将看到的纸条上内容用词语描述给2号玩家。
4. 2号玩家大约猜测出1号玩家表演的词，转身给3号玩家表演，3号玩家通过2号玩家的表演到教室内找到此学习用具，游戏即可结束。
5. 哪一队用时最短，哪一队获胜。

图1

图2

温馨提示

1号玩家表演时，3号玩家不能偷看。

夸夸我的创意

锻炼孩子之间的默契配合及应变能力，同时发扬团结友爱的精神。

7 抱团

设计者：吴丹宸

适合年段：8～16周岁

游戏人数：20人一组，可多组同时进行

游戏准备：哨子、计时器

游戏地点：户外开阔场地，最好是草坪或软跑道

游戏过程：

1. 一组围成一圈，组员之间间距约1米。

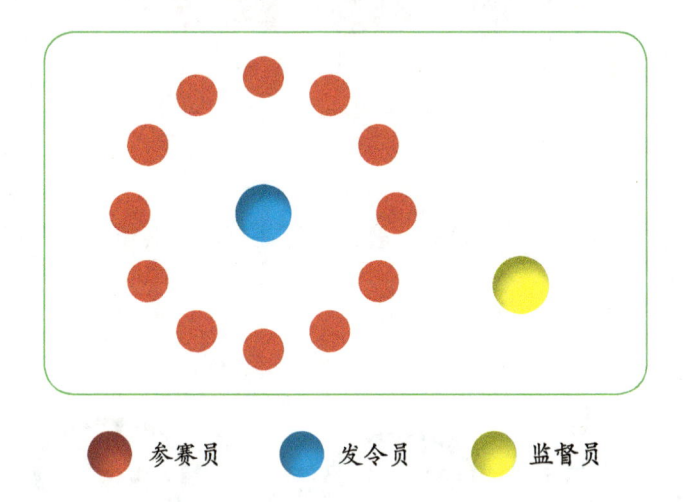

● 参赛员　● 发令员　● 监督员

2. 组员站立好后，发令员吹哨喊口令"预备"，然后报出一个数字并开始计时10秒。

预备

3！开始！

3. 听到发令员的口令后，大家开始按指定的数字抱团，10秒后未按正确的数字抱团的小组就会被全员淘汰。

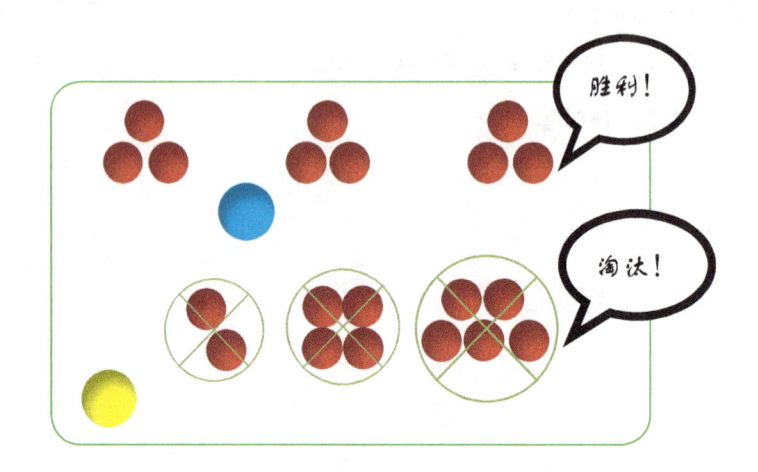

4. 上一轮胜利的组员进入下一轮的比赛，循环往复，最终留下的一组取得最后胜利。

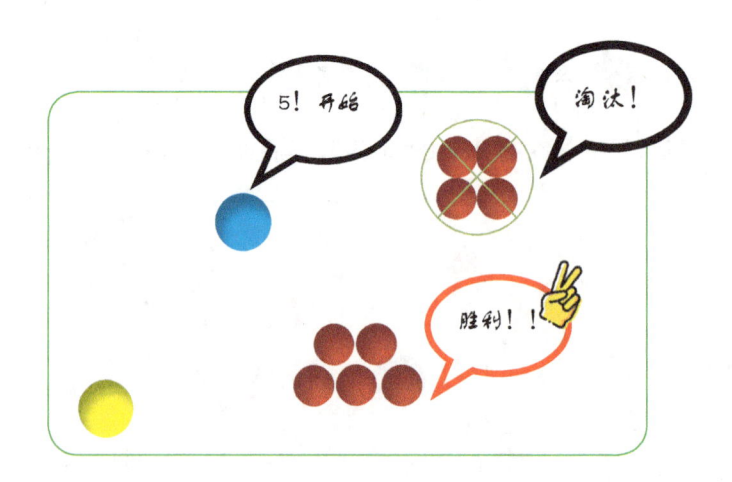

5. 为了游戏的趣味性，增加复活赛赛制，上一局被淘汰的同学可以通过表演才艺获得"复活"，加入下一轮的比赛。

温馨提示

1. 游戏中注意安全，要求慢跑。
2. 不能推拉、挤出已经抱成团的人。

夸夸我的创意

　　培养孩子们的反应能力和灵敏性，同时发扬团结友爱精神，让孩子们懂得遵守规则的重要性。

| 8 | 小球过山洞 | 设计者：吴范紫萱 |

适合年段：不限

游戏人数：不限（一人一道具）

游戏准备：1颗玻璃球、鞋盖子、卡纸（如图所示）

游戏地点：不限

游戏过程：靠手摇摆，将球依次从①号到⑧号穿过，必须从上往下穿（不可从下往上穿），如果从①号到③号再到②号就失败。必须从①号再重新开始（①→②→③→④……√；①→③→②→③……×）。时间最短的获胜。

温馨提示

手摇摆时幅度要小，切不可用力过猛哦！

夸夸我的创意

可以锻炼孩子手腕的灵活性。

高年级游戏

1　汉字笔画接龙

设计者：陈瑾瑶

适合年段：高年级段

游戏人数：2人或者多人

游戏准备：纸和笔

难度系数：中高

游戏地点：任何地方

游戏类别：语言文字类

游戏过程：第一人先说一个词语或者成语，确认最后一个字的笔画数；第二个人说出一个词语或者成语，这个词语或者成语的第一个字需要和上家最后一个字笔画数相同；第三个人说出一个词语或者成语，这个词语或者成语的第一个字需要和上家最后一个字笔画数相同，以此类推。

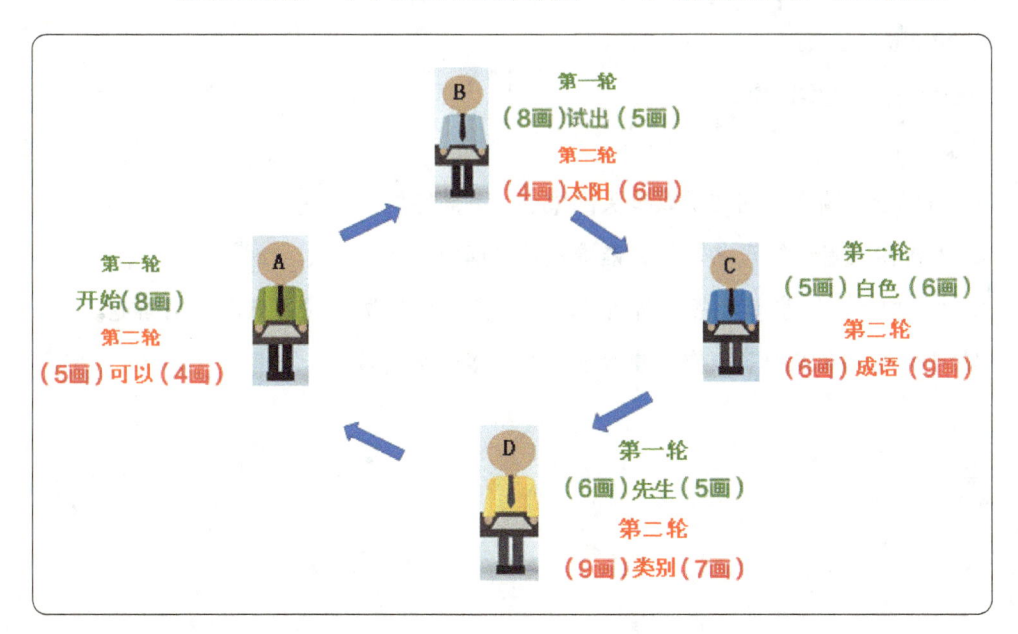

A
第一轮
开始(8画)
第二轮
(5画)可以(4画)

B
第一轮
(8画)试出(5画)
第二轮
(4画)太阳(6画)

C
第一轮
(5画)白色(6画)
第二轮
(6画)成语(9画)

D
第一轮
(6画)先生(5画)
第二轮
(9画)类别(7画)

温馨提示

1. 每人只有 10 秒时间，超时算违规，需要接受处罚。
2. 每人数自己最后一个字的笔画数，数错算失误，需要接受处罚。

夸夸我的创意

1. 平时多多留意常用字的笔画。
2. 平时写字不要连笔，否则容易数错笔画。

2 萝卜跑

设计者：柳佳熙

适合年段：高年级段

游戏人数：3 人或 3 人以上

游戏准备：1 根绳子

游戏地点：宽敞的空地

游戏过程：

1. 将绳子一端绕个圈（足以有头部大小）并固定好。
2. 参加游戏者进行点名，点到谁谁就是"捕萝卜人"。
3. "捕萝卜人"拿着准备好的绳子，等"萝卜们"数到 10，方可开始捕捉。
4. 被捕到者将成为下一位"捕萝卜人"。接着重复游戏。

第二章　游戏在课间午后

温馨提示

1. 选择绳子软硬要适宜，以免碰伤他人。
2. 注意安全，以防绊倒。

夸夸我的创意

运动中发展孩子的灵敏能力，锻炼孩子快速奔跑的能力和身体协调运动的能力。

闲暇游戏
润泽儿童诗意人生 >>

| 3 | 抽积木 | 设计者：徐李木子 |

适合年段：中高年级

游戏人数：一人（或多人）

游戏地点：平坦的场地

游戏过程：首先，要准备数量相同且大小完全相同的长方体，搭成如下图片。然后，随便抽一块，搭在最上面。按刚才步骤依次往上搭，直到高塔倒塌。

温馨提示

游戏时，木块塔需要上下对齐，东倒西歪会影响之后抽木块哦。

夸夸我的创意

这个游戏能锻炼孩子的耐心，培养孩子的细心，让孩子养成做事持之以恒的习惯。

4　赶猪过河

设计者：徐熙蕊

适合年段：1～6年级

游戏人数：一组2人，可多组同时进行

游戏准备：每组1张课桌，2块橡皮

游戏地点：室内或室外均可

游戏过程：2个人一组，在课桌两边沿5厘米处各画一条直线，沿线各放一块橡皮——"猪"，两人轮流将橡皮往前吹，谁先把橡皮吹到对方那条线，谁就胜利。

温馨提示

游戏过程中一次只能吹一口气，吹完不能换气，不可以摇晃桌子。

夸夸我的创意

锻炼肺活量的同时，通过游戏激发斗志。

5	尺子对对碰	设计者：瞿泓茗

适合年段：中高年级

游戏人数：4人或8人（平均分为两队，可多组同时进行）

游戏准备：每人1把尺子、1支笔

游戏地点：课桌

游戏过程：1. 参与的玩家自行分成甲、乙两队，猜拳决定先后对战顺序，如图。

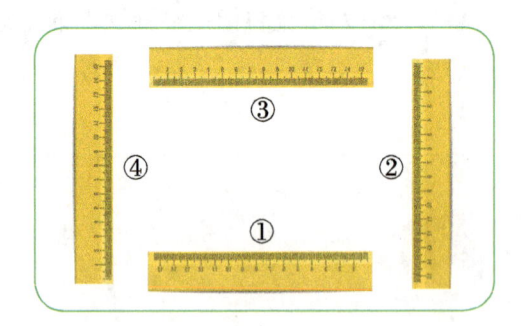

2. 第一个人用笔在尺子上刮，让尺子弹出去，并打中对方的尺子，尽力将对方尺子弹飞。其他人以此类推，直到其中一方将对方尺子全部打落擂台。

3. 当己方尺子部分在桌子边缘外时，便可以用手轻轻击打，直至尺子回到擂台中心。当对方的尺子在己方尺子上时，便可以将它弹走。

温馨提示

1. 尺子最好是塑料尺子；2. 笔最好是带笔帽的中性笔。

夸夸我的创意

锻炼手指力度的准确性，培养团队合作意识。

6　火箭发射

设计者：于心蕾

适合年段：中高年级

游戏人数：不限

游戏准备：塑料瓶1个、吸管1个、1张纸

游戏地点：室内

游戏过程：打火机烧化吸管一端，用手捏住，再把塑料瓶搓一个洞，把吸管插进去，在纸上画两个火箭贴到吸管另一头，最后捏几下瓶子，火箭就能发射出去了。

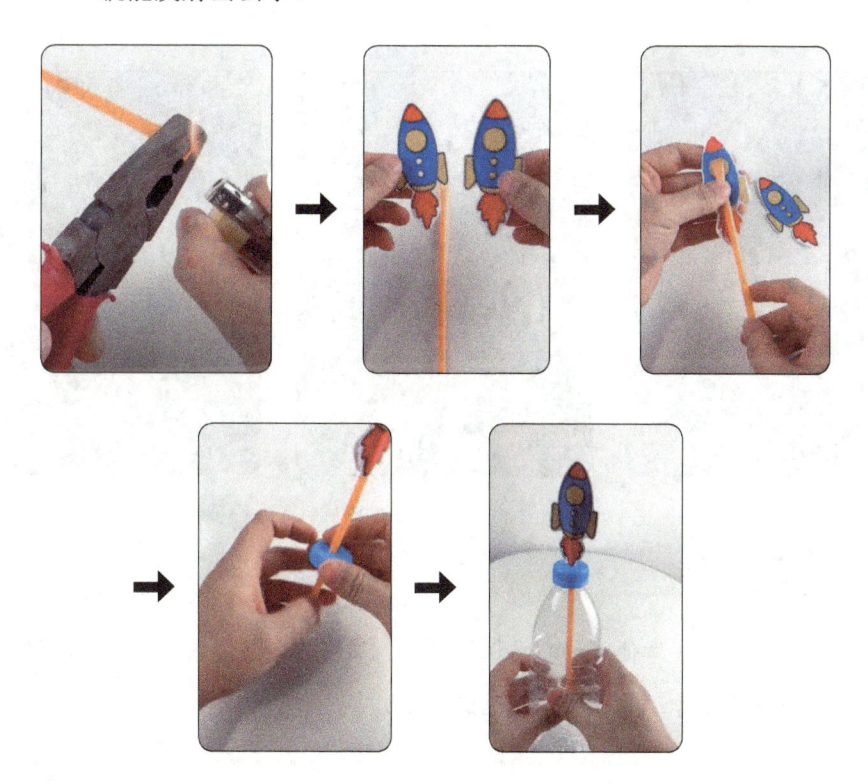

温馨提示

使用打火机时不能烫到手哦！

7　牵手猜人

设计者：王煜航

适合年段： 6岁以上

游戏人数： 3人以上

游戏准备： 1副眼罩（可以用布或红领巾）

游戏地点： 空地

游戏过程： 猜的人分别牵一下其他人的手，找出他们的不同，然后用眼罩蒙住眼睛，然后由其中一位牵着他走一圈，最终猜对牵他人的姓名，猜对获胜！

温馨提示

蒙着眼睛时，牵他手的人要保证安全，不能碰到任何东西。游戏过程中不能发出声音，旁边的人也不能说出姓名。

| 8 | 数 7（英文版） | 设计者：吉曼琪 |

适合年段：中高年级

游戏人数：不限

游戏准备：不限（7 和 7 的倍数除外）

游戏地点：不限

游戏过程：

温馨提示

1.因为图片的关系，我用阿拉伯数字代替英文数字，但玩的时候还用英文数字；2.玩的时候要集中注意力，不然很有可能就输了哟！

夸夸我的创意

不像之前的数 7 游戏，不仅变换了说数字的语言还增加了难度。

| 9 | 神机妙算 | 设计者：李浩祺 |

适合年段：1～6年级

游戏人数：至少2人

游戏准备：30枚石子（可用小东西代替）

游戏地点：不限

游戏过程：

1. 双方把30枚石子随机分成5堆。

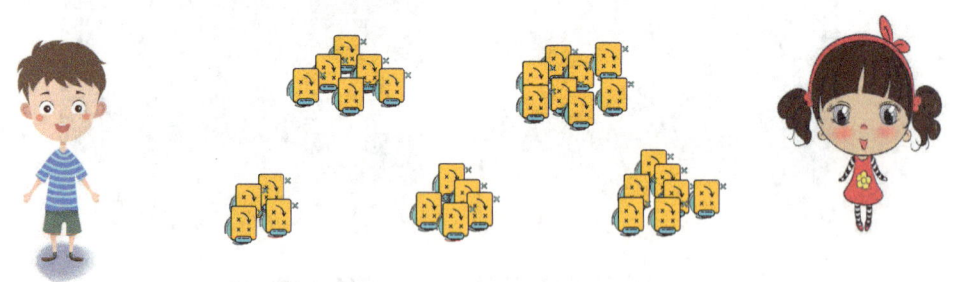

2. 每人每次最多拿2堆，个数不限。

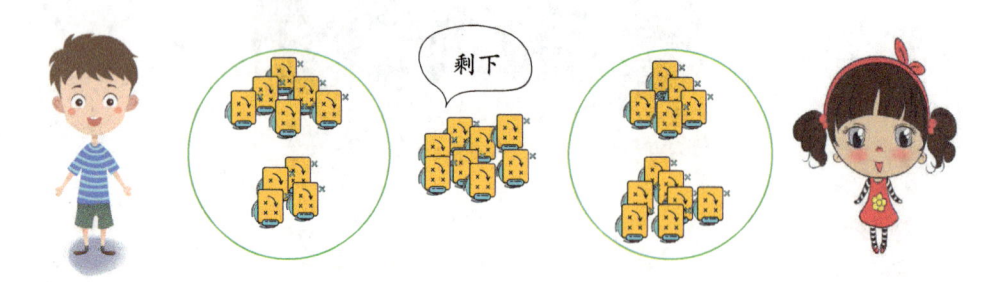

剩下

3. 当某玩家拿走最后一枚，那个玩家算输。

10　你来描述我来猜

设计者：钱汪言

适合年段：不限

游戏人数：2～4人

游戏准备：词语、成语、诗句、名言、俗语、谚语或人名

游戏地点：室内

游戏过程：2人游戏时，1人描述，1人猜；3人游戏时，1人描述，1人猜，1人截胡；4人游戏时，2人描述，1人猜，1人截胡。描述者语言描述一个词语、成语、诗句、名言、俗语、谚语或人名，猜测者和截胡者则抢答该词语，答对积1分。

温馨提示

描述者可说出该词语的字数，让猜测者更容易答出，周围观看人员不可帮忙，但可扰乱其思绪。

| 11 | 画方格 | 设计者：顾林溪 |

适合年段：8～12岁

游戏人数：2人

游戏准备：1张白纸，在纸上画好格子，2支笔

游戏地点：桌面或平面上

游戏过程：

1. 两个人猜拳，确定谁先走第一步。赢的一方称为甲方，输的一方称为乙方。
2. 甲方先在格子内画出自己想要的图案，乙方则要用不同的图案去阻止甲方。
3. 如果走到最后，甲方无法画图案了，那么乙方就赢了。如果乙方没能阻止甲方画图案，那么甲方就赢了。

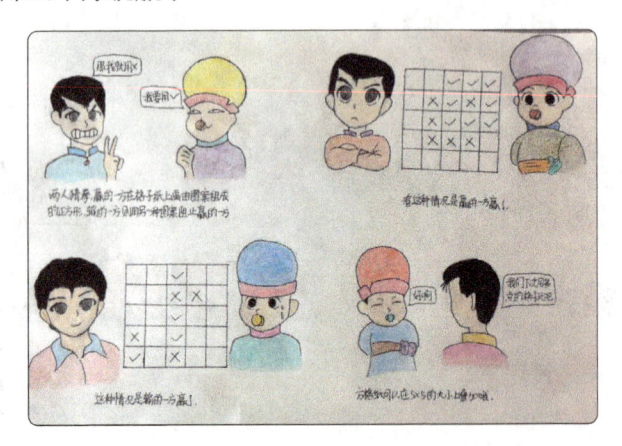

温馨提示

1.格子可以是5×5的倍数，格子越多，可玩性越大；2.方格纸也可用作文稿纸代替哦；3.可以用不同颜色的笔。

夸夸我的创意

需准备的材料简单；随时随地都可以玩；也可作为亲子游戏在家玩。

第二章　游戏在课间午后

第3节　学生游戏习作

抢椅子

如皋市安定小学二（1）班　钱煜颖

今天爸爸提议我们来玩抢椅子的游戏，我高兴得一蹦三尺高。游戏的规则是四个人三把椅子，谁抢到椅子就过关，没抢到就淘汰出局，最后一个就是获胜者。

游戏开始了，爷爷、奶奶、妈妈和我一起绕着三把椅子顺时针走。爸爸用手打鼓给我们打节奏。爸爸越拍越快，我们也只好越走越快。突然我听到了"啪"的一声，我连忙以闪电般的速度坐在了一把椅子上，我回头一看，发现爷爷没有抢到，妈妈、奶奶都坐得稳稳的，我兴奋地喊道："爷爷出局喽！"

第二轮又开始了，剩下我们三位女神，我死死地盯着椅子，就像灰太郎看见了一只只小肥羊，很快，奶奶也被淘汰了。紧接着就剩下我和妈妈了。只剩下一把椅子了。我和妈妈都很紧张，我一边走着一边心想，我身手敏捷，妈妈那么胖

123

肯定抢不过我。就在这时，爸爸手里的手打鼓一停，我连忙抢奔过去，没有给妈妈一丝机会，终于抢到了椅子，成为最后的大赢家。此时此刻我们家充满了欢声笑语……

通过这个游戏，我体会到了不管做什么事都要沉着、大胆、心细才能成功。

指导老师：张宏

难忘的羽毛球比赛

如皋市安定小学二（2）班　沙坪烨坤

打羽毛球是有益的户外游戏，因为这个游戏不仅可以锻炼身体，还能在闲暇时间给我们带来一丝乐趣。

紧张的比赛"打响"了。我先发球，我一开打，羽毛球就飞了过去，爸爸一球拍又打飞回来，我连忙用低球挡过了爸爸的进攻，他用高球又反拍过来，我一不留神就接不住了。又轮到我发球了，我这次发了个高球，本以为爸爸肯定接不住，没想到，只见他一跃而起，用力挥拍，羽毛球像箭似的往我这边飞过来。我也毫不示弱，扣住羽毛球拍，向爸爸打了个飞镖球，爸爸接不住了。我得意地说："爸爸你会不会接球啊？"爸爸却淡淡地来了一句："你不能太大意啊！"话音刚落，一只羽毛球朝我的脸射过来，我不禁慌了神，手忙脚乱，没接住。我满脸通红，我明白爸爸是想让我明白"骄兵必败"的道理！

休息了一下我们继续作战，这回我信心满满。刚一开局，爸爸一声不吭就直接把球打了过来，我说这局不算，他问为什么，我嚷嚷道："因为你不告诉我一

声就打过来了！"爸爸连忙说："对不起，我忘了说了！"我很不开心，嘟着嘴说我不玩了，这时，爸爸若有所思地放下球拍走过来摸摸我的头说："没说一声就打球是爸爸的不对，但我们要随时做好'战斗'准备，而且成功与失败都只是代表过去，未来掌握在自己手中，这个游戏你只有多练习才能取得更大的进步……"

当时我很不耐烦，后来仔细地想了想爸爸的话，总结了一个道理：谁也不能打败我，除了我自己！加油！

指导老师：任炜

有趣的游戏

如皋市安定小学二（4）班　陈佳琪

星期天下午，天气晴朗，我抬头看到空中飞着好多的"动物"：矫健敏锐的雄鹰、小巧玲珑的金鱼、轻柔秀丽的蜻蜓、美艳动人的蝴蝶……我急忙跑到厨房拉上奶奶，也加入放风筝的队伍。

老家房子的前面有块大大的种植地，田中间有条长长的田埂，给我们放风筝提供了优越的条件。我拿着"美羊羊"风筝，在奶奶的指导下，我站在路的一头，迎着风，让风筝轻轻地飞了起来。突然风停了，风筝像没头的苍蝇一直往下掉。我想完蛋了，还没有开始就结束了，心情有些低落。不知道是不是心中的祷告被"风爷爷"知道了，突然狂风四起，我赶紧抓紧引线，加快脚步后撤。这样反复了几次，风筝终于越飞越高了。

看着"美羊羊"在天空自由奔跑，仿佛看到了自己，不管如何长大，家里永远有些人在看着自己，等着自己。这次有趣的游戏给我印象很深，因为我不但得到了游戏的快乐，而且体会到家的意义。

指导老师：何玉芳

桥梁中的学问

如皋市安定小学二（5）班　刘章鑫

春节假期，妈妈给我安排了丰富多彩的课余生活。比如说做游戏。我们准备了三个小碗和三根筷子，把三个碗摆成一个三角形，碗与碗之间的距离大于筷子的长度。如何把碗当作桥墩、筷子当桥身，搭一座坚固的桥呢？妈妈让我自己先尝试。

首先把两根筷子交叉，搭在一起，然后拿另一根筷子搭在最下面一根筷子的上面，只听"啪"的一声，桥塌了。我又重新捡起三根筷子，这次我变聪明了，在放第三根筷子时，我挑起了最下面一根筷子，把他放在最上面一根筷子下面，我想这下看你塌哪儿去，手一松又塌了。这下可把我急红了眼，嘴里直冒气，妈妈连忙摸着我的头说："孩子，别急，静下心来想一想，你是不是错看了哪个点，耐心地去观察。"我拿起筷子慢慢研究了一下，原来我第一次和第二次都没有交叉，没有充分体现三角形的稳定性。于是我先把第一根和第二根交叉在一起，再拿第三根筷子托起最下面一根筷子，同时伸长它并把它放到最上面一根筷子的上面。这样一座简单的桥梁就搭成了。别看桥身简单，可它的承受力可不得了，放两三本书上去都没倒下。

通过这个游戏我懂得了，只要愿意思考，就没有解决不了的问题。这个寒假虽漫长，但我的每天都很充实。

指导老师：谢肖燕

有趣的扔沙包

如皋市安定小学二（8）班佘思潼

中国传统游戏有许多，比如：滚铁环、跳房子、翻花绳……其中，我最喜欢扔沙包。

记得第一次玩扔沙包是在我上幼儿园的时候，爸爸和妈妈负责扔沙包，我和哥哥负责在中间躲沙包。当游戏进行时，对方只要击中你，你就会被淘汰，如果躲沙包的人能够接住，则自己多一条生存机会或者可以复活场下的一名队员。

于是这场"战争"就开始了，捡沙包、甩沙包、躲沙包、丢沙包。小小的沙包"嗖嗖"地飞来飞去，引出了一串串尖叫声和欢呼声。由于我的体力不足，没过多久我就中招了。哥哥却像一只敏捷的猴子躲过一击又一击，正当哥哥累得气喘吁吁，放松警惕时，沙包突然向哥哥飞了过来，哥哥来不及躲闪，也被打下了场。

虽然我们输了，但是我们玩得很开心，我喜欢这个游戏！

指导老师：袁中秀

添鼻子游戏

如皋市安定小学二（9）班　杨石雨

我玩过许多的游戏，拔河、溜冰、跳绳……可是最让我难忘的还是今年寒假跟家人玩的这场"添鼻子"游戏。

在妈妈的建议下，大家一起做个游戏放松放松。一听做游戏，我浑身来了劲，迫不及待地问妈妈怎么玩，玩什么项目？妈妈搬来家里的小黑板，在小黑板上画了一个大头娃娃，妈妈说："娃娃有大大的眼睛、樱桃小嘴、弯弯的柳眉。美中不足的是，娃娃没有鼻子。因此我们要蒙着眼睛来帮它添上漂亮的鼻子。"

由"石头剪刀布"决定，输的人先画。我可不想当第一个，幸亏姐姐输了，我心中窃喜：姐姐肯定要当"炮灰"了。果不其然，她观察了五秒钟，蒙上了眼睛，我看她做出盲人摸象的样子，摇摇晃晃，慢慢向黑板走过去。她在黑板上乱摸索，我捂着嘴，憋着笑，最后她把鼻子画到娃娃的耳朵下面了，一位没有嘴巴，却戴着一只耳环的娃娃，可笑极了！姐姐拿掉眼罩一看，也忍不住"咯咯"大笑起来。

轮到我画了，我总结了姐姐失败的经验，胸有成竹地往前走去。心想：我一定能画好。我左摸摸、右探探，似在寺庙的高墙上摸"福"。其实蒙上了眼，我心里也一点目标都没有了，最后也只能胡乱定了一处画上了鼻子。姐姐捧腹大

笑起来说："比我也好不到哪去呀，鼻子添到娃娃眼角上去了。"虽然我输了，但看着黑板上的娃娃还是忍不住笑了。最后妈妈出场了，她一步一步地走向黑板。瞧！妈妈可真聪明，她先把粉笔放在左手上，空出右手在黑板上量了几下，然后用左手的食指定好位置，右手拿过粉笔，沿着左手食指周围添上了鼻子，不偏不斜，正中人头鼻子的位置。还是妈妈厉害啊！

客厅里回荡着我们的欢声笑语，一场亲子游戏让我更爱我的家庭！

指导老师：陆君雅

快乐抽陀螺

如皋市安定小学二（12）班　黄栎雯

"快、快……抽它！抽它！用力抽呀！"小区里传来我们此起彼伏的叫喊声。哈哈，你们可千万别被吓到了，其实是爸爸正在教我们玩他和妈妈小时候最喜欢玩的游戏——抽陀螺。

你们瞧，爸爸正抽着一个"头大身子小，一站就会倒"的"怪娃娃"。我和弟弟在一旁看得心里痒痒的。爸爸示范完毕，满面笑容地问："你们谁来试一试？"弟弟迫不及待地毛遂自荐："我来！我会！"好戏开始了，只见他学着爸爸的样子把鞭子缠绕在陀螺凹槽上，右手使劲一拉，发射！陀螺歪歪扭扭地旋转起来。他本想给陀螺好看，可陀螺就是不听话，他往左一抽，陀螺"呼哧"一声，躲到了墙角里去了，接着碰到墙立刻"夭折"了，真是防不胜防。弟弟鼓着腮帮，鼻子里气得直冒烟儿，好像马上就要炸掉似的。

妈妈一边安慰弟弟，一边向我招招手："雯雯过来试一试。"我有些迟疑。妈妈看出了我的心思，给我鼓劲："你能行的！"于是我拿起陀螺，把绳子绕上去，弯下腰来，用力一拉，没想到"嘟"一声陀螺稳稳当当地转了起来，我扬起手，再使劲一抽，陀螺跳了起来，好像在表演芭蕾舞。弟弟边鼓掌边赞叹："哇，姐姐，你好厉害！"我得意地笑了笑。一不留神儿，陀螺又调皮地跳了一下，撞到了墙角，"英勇牺牲"了。

游戏还在继续，我们的欢声笑语在小区里回荡着……

指导老师：吴丽

羽毛球大战

如皋市安定小学二（14）班　刘陆鑫

今天我们一家人进行了一场羽毛球大赛，我们拿着器材来到宽敞的院子里。开始组队啦，妈妈当裁判，爸爸一队，我和姐姐一队。我和姐姐兴致勃勃地拿起羽毛球拍，走进赛场。我和姐姐轻声地商量了作战计划，心想：嘿嘿，这样爸爸肯定赢不了我们。

比赛开始了，我按捺不住激动的心情，迫不及待地拿起球，用左手向上轻轻抛出羽毛球，就在羽毛球将要落地时，反应敏捷的右手像听到号令一般向前猛地发力，只听见"嗖"的一声，羽毛球被羽毛球拍毫不留情地弹得又高又远。对面的爸爸却一点也不慌张，像猎人一样快速扫描到羽毛球，瞄准目标，轻盈地挥动着羽毛球拍，"啪"的一下，弱不禁风的羽毛球又被打回给我们，我的心一下子害怕起来。这时，一直在旁边密切关注局势的姐姐终于发现了自己的机会，她快速跑上前，用她的"得力助手"奋力地接住了爸爸打过来的球，又重新打回给了爸爸，刚刚悬在半空中的心才安全着陆了。就这样，我们来来回回打了几十个回合，比分还是不分上下，这下可难住了裁判妈妈。最后爸爸主动投降，妈妈宣布："姐姐、弟弟队赢。"听到比赛结果，我和姐姐兴奋地拥抱在一起，大声喊着："欧耶，我们赢啦，我们赢啦。"

比赛打得太激烈了，结束之后我还一直沉浸在打羽毛球激烈的场景中，意犹未尽……

指导老师：徐鑫伟

碰碰车

如皋市安定小学二（15）班　何锦锐

今天，我和我的好朋友多多玩了一个叫"碰碰车"的游戏。

刚开始，妈妈先跟我们讲解了一下游戏规则，告诉我们这不是游乐场里的那种"碰碰车"。首先，需要两个人一同进行，双方都向前抬起一只脚，再用双手抓住脚腕，使自己的脚不落地；其次，两个人再互相撞击，谁的脚先落地谁就输了。

听懂了游戏规则，我跟多多都跃跃欲试。在妈妈的一声令下，我们都抬起了脚，用手紧紧地抓住，生怕自己的脚先落地。但事情并没有这么顺利，有的时候脚一抬起来就忍不住放下了；有的时候刚往前一跳脚又不自觉地放下了；有的时候两个人就对看着谁也不敢动。还没有开始撞击，就闹出不少的笑话。

在经过多次的尝试后，我们都找到了游戏的窍门，开始了正式的对决。虽然只是个游戏，但我们都想着要赢，想着如何让对方脚落地。经过努力，在这样你来我往的撞击后，最终我取得了胜利。

"碰碰车"游戏虽然很累，但我们玩得都很快乐。这个游戏不仅能锻炼我们的平衡能力，还能增强我们的体质。

指导老师：陈小琴

圈圈象

如皋市安定小学二（16）班　许万灿

这个游戏是我们平时在家里玩得最多的一个，我给它取了个好听的名字——圈圈象。首先要准备水彩笔、剪刀和一块硬纸板。在硬纸板上先画一个大象的头，然后剪下来，再用剩下的纸板，做一个往上翘的长鼻子，把它们粘在一起，大象的脸就完成了。再用另外的硬纸板，做成5个圆形的套圈，游戏道具就制作好啦！

我们把大象的头固定在墙上，往后退出两米的距离。游戏开始！我首先拿出一个套圈，身子稍稍前倾，手往前伸，做一个瞄准的姿势。觉得有把握了，就轻轻一抛，套圈正好落在大象的鼻子上。哇，成功啦！真是太高兴了！后来我又套了几次，可是总掉在地上，怎么也套不进！我很着急，但是我没有泄气，把掉在地上的套圈捡起来，像第一次一样，瞄准再扔，结果我全都套中了。

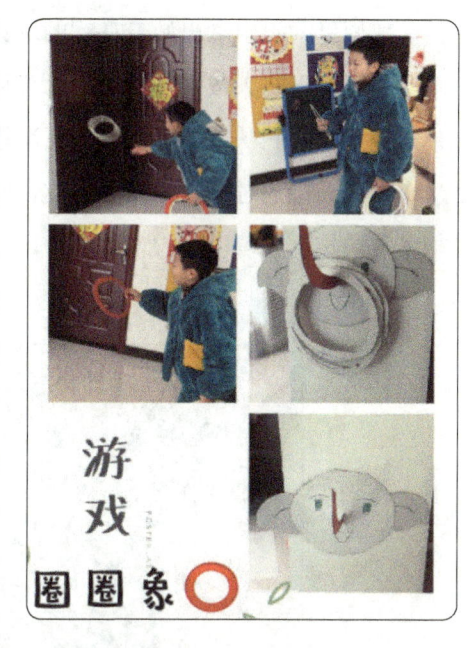

原来，不着急，不泄气，开动脑筋，才能迎来成功。以后，我一定要像玩"圈圈象"一样，认真做好每一件事。

指导老师：吴晓霞

多米诺之旅

如皋市安定小学三（1）班　叶心

寒假里，姐姐拿出她最喜欢的玩具陪我玩。

姐姐拿出一大堆五颜六色的木头块儿，那些木头块儿个头一样高，有我的食指长。"哗——"，姐姐一下子把那些木头块儿全部倒在地上，说："这个叫多米诺骨牌，玩的时候将木块儿站立，间隔一定的距离把他们组成各种图案，最后把第一块推倒就可以了。"

这个多米诺骨牌引起了我浓厚的兴趣，我随手拿起一块摆弄起来，可是它不听我的使唤，"啪"地倒下了。"这个动作要轻，要稳，稍有不慎就会前功尽弃。"姐姐提醒道。我点了点头，继续摆弄小木块儿。还算顺利，心里喜滋滋的，就不像一开始那样小心了。一阵清脆的响声，骨牌全部倒了，是我的衣角扫了骨牌一下。我心里嘀咕：怎么这么容易倒啊！又得重新摆了。我抬头看了看姐姐，姐姐已经快摆出一朵花了。我着急了，加快速度重新摆，这次有了之前的经验，很快摆出一个"S"型。再抬头，姐姐已经摆完了一整朵花。这下我真的慌了，可是这一慌就坏事了，"哗啦啦"，又全倒了。我心里懊恼极了，想放弃了。姐姐似乎看透了我的想法，对我说："坚持就是胜利！"

我重新振作起来，屏住呼吸，小心翼翼地把骨牌一块一块地排列。后面就一切顺利了，花的茎和叶就快完成了。到最后一块时，我掩饰不住内心的兴奋与激动，瞪大眼睛，脸憋得通红，手颤抖着摆上。"啪！"最后一块倒了，我的心怦怦乱跳，这一刻仿佛时间停止了，幸好它是斜着倒的，我心中的"小鹿"总算安分下来。我和姐姐击掌，"耶"！妈妈拿来相机记录下了这一刻。

这次多米诺之旅使我明白：做事要忍耐、专注、执着，要有拼搏的精神，坚持到底就是胜利。没有耐心和意志力就享受不到成功的喜悦。

指导老师：韩敏

鸡毛大战

如皋市安定小学三（2）班　马雨轩

"我要飞得更高！"咦，是谁在唱歌？原来是一根鸡毛呀，它一边欢快地唱着歌，一边自由自在地飞翔着。

"加油！加油！"我们家正在进行吹鸡毛的游戏。游戏规则很简单：在场地放一根长绳，两两对决进行吹鸡毛比赛，比赛开始后，以鸡毛不落地为胜利，鸡毛落在哪边，哪边算输。

比赛开始了，大家都屏住呼吸。第一轮是爸爸和妈妈的对决，妈妈先"发球"，她笑呵呵地举起鸡毛，用力一吹，谁知那不听话的鸡毛可调皮了，没飞出去，粘在妈妈的手上，大家笑得前仰后合，眼泪都流了出来。第二轮比赛开始了，妈妈继续"发球"，再看他们俩，都目不转睛地盯着鸡毛。妈妈猛地一吹，鸡毛缓缓上升，又慢慢落下，先是飞到爸爸那边，爸爸鼓足气往前使劲一吹，妈妈一时招架不住，只能呆呆地看着鸡毛落地，无力挽回。第一盘，爸爸把妈妈杀了个片甲不留。

接下来轮到我上场了，爸爸发鸡毛，我坚定地看着鸡毛，鼓着腮帮子用力一吹，鸡毛便加快了速度，猛地往地上一冲，我赢了！后来几盘我也全都赢了，最终我获得了冠军，心里甜滋滋的，高兴极了！

鸡毛大战可真有趣啊！

指导老师：丁晓萍

滚铁环

如皋市安定小学三（3）班　张熙涵

今天，天气晴朗，万里无云，是个适宜户外活动的好天气。

早上，爸爸拿着一个锈迹斑斑的铁环来到我面前，说："儿子，我们出去玩滚铁环吧！""好！"我兴高采烈地答应了。爸爸先给我做了示范，只见爸爸左手拿着铁环，右手拿着一个带钩子的铁杆，把铁环轻轻地往前一推，再快速用钩子推动铁环，铁环就乖乖地往前滚动起来，发出清脆悦耳的"叮叮"声。看着爸爸熟练地滚动着铁环，我想：滚铁环这么简单，谁不会啊！

我抢过铁环，学着爸爸的样子，迫不及待地想要展示一下自己的本领。可是，铁环根本不听我的使唤，一推就倒，一滚就歪，只听到铁环"哐当、哐当"的倒地声。这时，爸爸又给我讲了一遍操作要点，并手把手地教了我几遍。经过反复练习，我终于能将铁环滚动起来了，但是，铁环没跑多远，就又倒在地上了。

渐渐地、渐渐地……我开始泄气了，感觉滚铁环并没有想象中的那么简单。这时，爸爸抚摸着我的头，说："坚持就是胜利，加油！"于是，我在爸爸的鼓励和指导下，继续练习起来。过了一会儿，铁环好像和我心有灵犀了，我往哪边跑，它就往哪边跑，配合得可好了。我终于找到了滚铁环的诀窍，玩得不亦乐乎！

我还和爸爸进行了比赛，比如：比比谁跑得快一些，比比谁能将铁环滚得远一些……各式各样的玩法，好玩极了！

午后，我才依依不舍地结束了这段开心又有趣的时光，我开开心心地对爸爸说：“我们以后再一起玩滚铁环的游戏！”

这次"滚铁环"的经历让我明白了一个道理：无论做什么事情，都要掌握技巧、勤加练习，只有坚持不懈地努力，才能取得最后的成功。

指导老师：徐科雄

挑豆豆

如皋市安定小学三（4）班　陈彦耿

周六，我在家里和爸爸妈妈玩了好玩的挑豆游戏。

游戏每个人只有五分钟，在这五分钟里要把豆子从客厅的碗里用筷子夹到厨房的碗里，如果豆子掉落不能捡，回去重新夹豆子。

游戏开始了！首先是我先来挑豆。我拿着筷子，蓄势待发。只听妈妈说计时开始，我就飞快地用筷子夹住豆子，跑到厨房放完豆子，又用迅雷不及掩耳之势跑到客厅，夹了一颗豆子，飞快地跑回去。我弓着腰，像一只煮熟的龙虾似的，一步一步地走着，生怕走错一步豆子掉了。就这样我跑了四五趟，累得满头大汗，"呼哧呼哧"直喘，妈妈说："停！"我立刻停下手里的活动，跑到角落里像狗一样伸着舌头喘粗气，样子滑稽极了。最后我的成绩是六颗豆子。下面该妈妈上场了，妈妈左手拿着筷子，右脚踩着椅子，边挥舞着筷子边自恋地说："我不是吹的，就像你老妈这么身手矫健，你们就乖乖认输吧！"

她拿起筷子，一时间不知道该怎么办，犹豫了半天，终于夹了一颗豆，可是那豆子像顽皮的小猴子似的老在蹦，只见妈妈小步小步走着，一步一个脚印，等豆子快

要掉了的时候,又瞅准时机,一下子把豆夹住继续走,等快要到厨房时,又飞快地把豆夹到碗里,迅速跑回去。整个行动被她进行得完美无缺,又不多用一分一秒,活像一只轻巧的小燕子。妈妈已经夹了五个豆子了,快要超过我了,我急得直咬牙,脑袋上仿佛飘过一缕青烟。这时爷爷突然从房间出来,和妈妈擦肩而过,妈妈手一抖,豆子掉了下来,我立刻欢呼起来,大家也笑作一团,房间里成了一片欢乐的海洋。

接着是爸爸、奶奶上场,可惜都成了我的"手下败将"。我深知,这个第一名里代表的不全是荣誉,还有家庭的温暖。爸爸妈妈对我浓浓的爱,我此生都难以忘怀。

指导老师:王梦

家庭"笨蛋节"

如皋市安定小学三（5）班　李宜宣

今天是星期六，下午我做完作业后便缠着爸爸妈妈想找点乐子。爸爸妈妈正闲得无聊，也想乐一乐。于是，我们集思广益，妈妈说："美国有个愚人节，不如我们来个'笨蛋节'？"我们一致同意了。大家商定，今天被骗的人都不可以生气、发火。睡觉前统计一下每人受骗的次数。受骗次数最多的人，就荣获今天的"笨蛋王"称号。

"游戏正式开始！"爸爸一声号令。一会儿，爸爸叫我："虫虫，快来看你最爱看的《小伶玩具》！"我一听，二话不说，扔下书就往客厅跑，边跑边喊："来啦，来啦！"谁知我一看到爸爸那憨笑的样子，就知道自己受骗了。我气得在空中挥了挥拳头，琢磨着如何来"回敬"他。我趁着爸爸喝水时没注意，跑到他房间拿起他的手机假装接电话。我憋住笑，急忙跑到爸爸跟前："爸爸，爷爷电话。"爸爸赶紧接过手机一看，懊恼地拍拍头说："被你这个小鬼骗了，真气人！"

正当我们说着话时，只听妈妈在厨房边洗东西边叫我们："苹果洗好了，你们快来吃吧。"我和爸爸一听吃苹果，便你追我赶地跑进厨房。到了厨房一看，哪有什么苹果啊，分明是胡萝卜嘛，我和爸爸顿时傻眼了。

到了晚上，我们每人都被骗了好几次。妈妈让我统计一下各自被骗的次数。我拿起记录本，大声公布起成绩来："爸爸被骗三次，妈妈被骗两次，我被骗四次。"最终，我荣获第一届"笨蛋节"的"笨蛋王"的称号。

虽然我是"笨蛋王"，但是我也很高兴，因为我们一家度过了一个开心难忘的周末。

指导老师：缪芳

"飞机"PK赛

如皋市安定小学三（6）班　王霁泽

寒假里每天做完作业，我就会拉着爸妈跟我一起玩。可是，五子棋、飞行棋、斗兽棋这些都玩腻了，做布丁、做蛋糕、做猫耳朵，我也只能打打下手，唉，实在无聊。"太无聊啦，我想出去玩！"我摇头晃脑地在床上嘟囔着，爸爸打了个响榧子，"赶紧下床，我来陪你玩飞机PK赛。"我欣喜若狂地从床上跳起来，"好耶，好耶！"很快我又像霜打的茄子似的，耷拉着脑袋说道："哪里有飞机呀？"爸爸神秘一笑，举了举手中两张纸，"我有办法。"很快，两个一模一样的飞机就诞生了，原来是折的纸飞机。

接下来，比赛就正式开始啦。只见爸爸故弄玄虚地对着飞机头哈了一口气，好像在赐予飞机能量，我拿着飞机，将前面的尖头处，捏了又捏，心想，就靠这个尖头飞到更远的地方，我一定要赢爸爸。我跟爸爸都两腿一前一后，一手高举飞机，一手紧贴身体。"开始！"随着爸爸一声令下，我们两人同时将手往前一甩，手中的飞机都向客厅前方飞去，我的飞机左摇右晃、上下抖动，一会儿，最终降落在窗前不远处，而爸爸的飞机尽管飞得很高，却没有飞多远，竟一下子失控，直接掉落在沙发上。根据比赛规则，飞得远的获胜，哈哈哈，最终我取得了胜利。

一场"飞机"PK赛就这样落下了帷幕，我沉浸在胜利的喜悦中。

指导老师：庄宁红

陀螺里的快乐

如皋市安定小学三（8）班　谢刘泽宇

"嗡嗡嗡……"热闹非凡的广场上，一只陀螺飞快地旋转着。

你瞧！一个光不溜秋的圆锥木头，一根细长的竹竿鞭子，凑成了那样好玩有趣的玩具——陀螺。用鞭子抽打它，它便如一个芭蕾舞者，脚尖轻轻点地，飞速地旋转，同时还发出"悦耳"的声音，许久，才慢慢地停下来。

抽陀螺可真有趣！走到广场中央，我迫不及待地拿起手中的鞭梢一圈一圈缠住陀螺的腰身，然后直放地上，用手指轻轻按住陀螺顶端，用力一拉鞭绳，陀螺就在地上旋转起来。再挥一鞭子，它就不费力地躲开了，如捉迷藏似的。于是又来一个霹雳，"啪啪"两声，陀螺飞也似的溜到犄角旮旯里"咕噜咕噜"就地打了几个滚儿，安详地躺在那儿，既没有声音，也没有快速地旋转。霎那间，我大怒，举起鞭子对准陀螺猛地狂打，可地上似乎有五零二胶，陀螺咬住"基地"不放松，摇摇晃晃，连一秒都不愿理睬我，就跟跟跄跄地倒了下去。我既生气又失

望地看着陀螺，自言自语道："唉！真是看着容易做着难呀！"

这时，站在一旁的奶奶看到我一副垂头丧气的样子，连忙上前来一边做示范，一边讲述着陀螺旋转的原理。接着，我再一次紧紧握住鞭子，目不转睛地盯着陀螺，用力一挥，随之鞭子在空中划出一道优美的弧线，准确无误、不偏不倚地落在陀螺身上。顿时，陀螺像有了新生命一般，欢快地旋转，好似跳起了圆舞曲……

看着地上飞转的陀螺，听着那脆响的啪啪声，我的心里乐开了花。正所谓"世上无难事，只要肯攀登"。一个小小的陀螺，带给我无限的快乐，你心动了吗？不妨也试试吧！

指导老师：张爱华

有趣的抢椅子游戏

如皋市安定小学三（9）班　冯韩怡

听，微风姑娘唱起了她那悠闲的曲子，和我的心一样愉快。妹妹很无聊，吵着要我们陪她玩，我跟妹妹搬来了几张椅子，准备全家总动员，来一次抢椅子的游戏。以前我们也玩过，妹妹小总是耍赖，这次我一定不能输给妹妹。

爷爷奶奶说："这个游戏挺好的，可以让你们锻炼锻炼身体。"爸爸妈妈笑着说："玩起这个游戏，我们好像回到了童年一样。"我对自己默默地说："这次可不能掉进陷阱里，要想办法抢到椅子。"妹妹大声地说："我这次要想到更好的办法让你们都输掉。"

爷爷说"开始"，我们的动作都很利索，围着椅子转圈，大家两步变成一步。大家都很投入，我想我可不能抢不到椅子，我每走一步都会在椅子上拍打一下，生怕抢不到椅子，突然爷爷说"停"，我赶忙用手扶着椅子背，一屁股坐下来，而妈妈和爸爸两个人却坐到了一张椅子上，根据爷爷这个裁判判定，爸爸占的椅子面积小，第一轮被淘汰。玩第二轮了，因为有了第一轮的经验，我这一次神气了很多，妹妹一心想着赢故意走得很慢，前面空出一段距离，"停"，随着爷爷的裁判声，我着急地一坐，差一点就摔倒，而妹妹稳稳地坐上了椅子，奶奶脚步慢了，这一轮被淘汰。现在只剩妈妈、我和妹妹三人，抢两张椅子坐了，比赛的气氛也越来越紧张了，我们的脚步也越来越快。随着一声"停"，妹妹的前方椅子没有了，她慢了一拍，坐在了妈妈的腿上，惨遭淘汰。最激动人心的决赛开始了，我和妈妈边走边想坐下来，"停"，我赶忙把椅子一搬坐了下来，啊，我赢了。

哈哈哈，一家人的笑声传出了小院。

指导老师：冯兵

向鸡蛋挑战

如皋市安定小学三（10）班　张嘉乐

今天妈妈带来一件神秘的礼物，可是当她把礼物掏出来的时候，我就失望了，原来只是一枚鸡蛋。

妈妈说："今天和你们玩一个小游戏——捏碎鸡蛋，谁要是能把这个鸡蛋捏碎就可以得到 100 元的奖励。"我不屑地看了看这个脆弱的鸡蛋，然后信心满满地说："你就把钱准备好吧，我只要轻轻一捏，它就会粉身碎骨的！"鸡蛋在我的印象中一直都是一触即碎的。正当我洋洋得意，沉浸在美好幻想中时，耳边传来了妈妈的声音："鸡蛋是捏不碎的，而且就算是力大无比的爸爸也不可能把鸡蛋捏碎。"妈妈摇着头一脸的肯定。我却一点也不相信，那个几乎碰不得的鸡蛋怎么突然间变得如石头一般坚硬呢？妈妈看到我一脸疑惑的样子，对我和爸爸说："要不我们就试试！"妈妈的话再次激起了我的好奇心。

我作为年轻力量的担当，首先上场。我像运动场上的选手一样，迈着稳健的步伐，装做一副势在必得的模样，来到桌边，对着台下的爸爸和妈妈挥挥我的小手。接着我快速拿起鸡蛋握紧，心中默念"一、二、三"，用力一捏，可是鸡蛋还稳稳地在我手中，丝毫未变。它光滑的泛着光的身子似乎在嘲笑我的无力。于是我又握紧鸡蛋，咬紧牙关，使出了吃奶的劲，脸都憋得通红，可鸡蛋仍旧纹丝

不动地在我手中躺着，我有些疑惑了。妈妈笑着指着鸡蛋说："现在相信了吧！鸡蛋是捏不碎的。""不可能，肯定是因为我的力气小了，爸爸肯定能把它捏碎。"我满脸不服气地叫嚣着。妈妈微微一笑说："好吧！那就请我们的大力士爸爸上场。"说完还弯下腰做了个"请"的姿势。只见爸爸轻轻拿起鸡蛋放入手中，紧紧地捏着鸡蛋，可是幻想中破裂的声音并没有传来。爸爸似乎有些生气了，又重新握紧了鸡蛋，使上了比先前更大的力气，手上的青筋都清晰可见，手都有些不停地抖动着，似乎把所有的力气都集中到了手上，可鸡蛋还是安然无恙。爸爸最终以失败告终。

　　这是为什么呢？我满脸疑惑地看着妈妈。妈妈告诉我们，是因为鸡蛋受到的压力均匀地分散到了蛋壳的各个部位，所以鸡蛋不会被捏碎。

　　今天真快乐呀！不仅玩了游戏还学到了知识。

指导老师：周英

有趣的跳房子游戏

如皋市安定小学三（14）班　杨子涵

中国是一个历史悠久的国家，传统游戏更是花样繁多，最常见的有跳房子、踢毽子、捉迷藏、抽陀螺……这些二十世纪八十年代最流行的传统游戏让多少孩子度过了快乐而幸福的童年时光。

听妈妈说在她小的时候，网络不发达，没有手机、电脑的时候，只能从身边寻找一些游戏的工具，比如皮筋、石子等。这些小玩意成了她们游戏的"宠儿"。

今天，妈妈就带我去体验了一次传统游戏之一"跳房子"。我们来到院子里，首先用砖头在地上画了七个格子，分别标上序号，然后妈妈找来了一块小石头，我们便开始游戏了。

妈妈真是跳房子的高手啊！每次扔石头都特别准。她一会儿单脚跳，一会儿双脚跳，轻巧地双腿在格子间来回跳动，就像灵活的松鼠在树丛间穿梭。妈妈轻而易举地连过了好几关，我佩服得五体投地。名师出高徒，我是妈妈的嫡亲弟子，水平自然也不会差。轮到我了，我先把石头扔在了一号格子里，然后小心翼翼地跳过了第一关，有了第一关的基础，第二关我的动作开始渐渐熟练起来，速度也越来越快，妈妈也在一旁拍手夸我："跳得好，加油！"听了妈妈的鼓励我信心倍增，前面六关都非常顺利地通过了。到了第七关，我一不小心力气使大了，石头出了格子，这一局，只能甘拜下风喽！我毫不气馁，我相信只要自己不断练习，

总有一天会战胜妈妈的。接着我们又玩了好几个回合，整个院子里都回荡着我们的笑声！

虽然现在科技发达，网络游戏层出不穷，但是这些曾经丰富了爸爸妈妈童年的传统游戏，现在依然能给我们带来无穷的快乐，我们应该把这些传统游戏继承下去。

指导老师：范君艳

三角形过河

如皋市安定小学四（2）班　黄宇

在我很小的时候，经常和朋友们一起玩"老狼老狼几点了"，和姐姐一起玩"丢沙包"，和同学们玩"一二三木头人"等游戏。渐渐长大了，再玩这些游戏，仿佛总是会被嘲笑"幼稚鬼"。然而今天，妈妈却告诉我，她发现了一个新的游戏——三角形过河。

什么是"三角形过河"？只听到这个名字，我就万分好奇。只见妈妈将客厅收拾出了一块大空地，从背后拿出三块干净的抹布，把三块抹布分别放在三个点，组合成一个三角形形状。这时她整个人撑在抹布上——双手按住最上方的抹布，左右脚分别踩着剩下的两块，仿佛肚皮下面有条河。

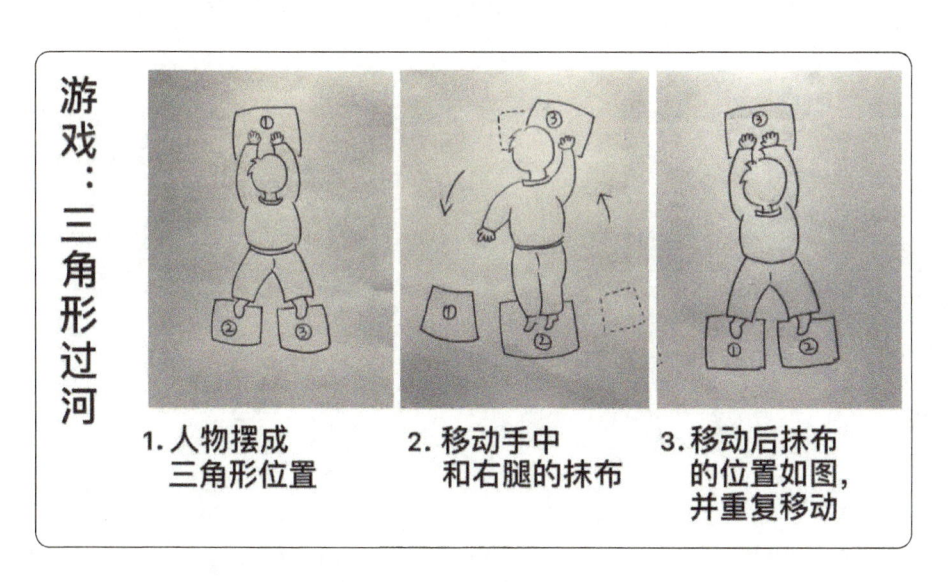

游戏：三角形过河

1. 人物摆成三角形位置
2. 移动手中和右腿的抹布
3. 移动后抹布的位置如图，并重复移动

我心中顿时好奇，接着看，妈妈先是移动右脚，双脚垫在左脚的抹布上，将手中的抹布移动到左腿左侧，同时将右腿的抹布移动到手中，反复循环，像一只螃蟹一样移动了。

我早已迫不及待，心想：不就是平移吗，有什么难的。于是立刻兴冲冲地跑到旁边，学着妈妈的模样将抹布摆好，当我支撑自己的身体时，心中开始得意，很简单嘛。于是手脚并用，移动自己的位置。不一会儿，我的额头开始冒出小汗，心里想着要快一些，更快一些，可是越着急反而手忙脚乱的，加上一边撑着自己的身体，一边进行移动，仿佛背上压了一块巨大的石头。渐渐地，我像一条被冲到河边上的小鱼，累瘫在地上。

最后，妈妈告诉我，这个游戏考验我的脑力和耐力，让我做动作之前先思考。我才明白，做事情不仅要有耐心、耐力，还需要有更多的思考。

指导老师：赵美芳

有趣的"两人三足跑"

如皋市安定小学四（3）班　季凌薇

今天，阳光明媚。我们班在奥体中心的足球场玩了一个趣味十足的游戏——两人三足跑。

比赛即将开始，同学们跃跃欲试，兴奋不已。大家绑好相邻的脚，便迫不及待地认真练习起来。他们有的配合默契，像风一样飞快地跑着；有的出师不利，刚走一步就摔了个四脚朝天，却笑得合不拢嘴。场上热闹非凡，欢声笑语此起彼伏。

比赛正式开始，我和搭档郭若凡站到了起跑线上，我的心紧张得怦怦直跳，就像怀里揣着只兔子似的。我小声地提醒郭若凡："记得先出绑在一起的脚，你可别出差错哦，我们一起加油！"郭若凡笑着点了点头，一副胸有成竹的样子，好像在说："放心吧，我们一定能赢！""预备——开始！"随着老师一声令下，场上传来一阵阵"一二一二"的口号声。我和郭若凡迈着整齐的步伐，轻而易举地到达了终点。丁陈智和莫冬然也不甘示弱，紧跟其后，眼看要被追上了，我俩一急，在拐弯时乱了节奏。这下不妙，我俩像有仇似的，不是她踩我的脚，就是我差点绊倒她，真是寸步难行呀！不一会儿我俩就摔了个"狗啃泥"。我深深地体会到了：二人同心，才能其利断金呀！

比赛继续进行着，大家玩得不亦乐乎，观众们个个笑得前仰后合。欢声笑语在绿茵场上回荡，幸福快乐在每一个人的心中荡漾。

今天真是难忘的一天啊！

指导老师：郭夕梅

"你说我猜"欢乐多

如皋市安定小学四（4）班　倪峥然

语文课上，王老师带着我们玩了一个锻炼思维的游戏——你说我猜，有趣极了！

王老师将我们分成了三个大组，每组派一名同学上台表演动作，这一组的同学看动作猜词语，三分钟内看哪一组猜的词语多，哪一组就获胜。

游戏开始了，第一组同学推荐的是"戏精"孙李宸，孙李宸面带笑容走上讲台，随着老师一声令下，计时开始了。他从老师手里接过卡片，迅速瞄了一眼问："西游记中唐僧的二徒弟是谁？"第一大组同学脱口而出："猪八戒。"接着他又做了一个吃西瓜的动作，王刑仟玺就跳起来喊道："猪八戒吃西瓜。"猜对了！第一个词语仅用了十几秒，我们就迎来了开门红。接下来的几个词语他们配合十分默契，一一答对。但是后来有一题孙李宸刚看了一眼词语，就站在那里闭着眼睛思考，好一会儿都不表演。第一大组同学可急了，有的皱紧眉头不停地拍腿，有的急得跳了起来，还有的敲着桌子……就在最后几秒钟里，孙李宸学着鸡"喔喔喔"地叫着，又扑棱了几下翅膀，然后又学狗"汪汪汪"地叫了几声，并做出跳跃的动作。第一大组的同学抓耳挠腮，就是猜不出。老师公布答案是"狗急跳墙"，第一大组同学唉声叹气的，真是可惜。他们共猜对了7个词语，得70分。

我们第二大组派"主意多"的杨声远上去表演，他拍了拍胸脯看起来十分有信心。一开始几个词，杨声远好几次都说出了词语的字，让我们连猜的机会都没有，我心急如焚，觉得没有赢的希望了。但在后面我们组涌现出了两个猜词大神："学霸"孙秦雨泽和"聪明蛋"姜辽。每次杨声远还没表演完，他们就立刻跳起来，用洪亮的声音回答，他们两个各猜对了4个词，我们组的情况不错，得了130分。

第三大组派出最爱玩游戏的周蒋嘉，猜词情况和第一大组差不多，都栽在一个词语上，只得了80分。

比赛结束了，我们第二组是冠军！直到现在快乐还在我脑海里回放，我还忍不住笑了呢。

指导老师：王群

趣味横生的"我做你猜"

如皋市安定小学四（4）班　王蒋慧昱

今天，王老师走进教室，喜笑颜开地拿出了一堆纸条，原来我们要做一个有趣的游戏——"我做你猜"。

游戏是这样玩的：全班分三大组，每一组由一个表演出色的同学来做动作或提示，提示时不能说出词中的任何一个字。其他同学积极猜词语，在三分钟内能猜出最多的组就可以获得冠军。

比赛正式开始，孙李宸打头阵，王老师悄悄地把纸条给孙李宸看，他一看到纸条就不假思索地捂着肚子，嘴巴一下子咧到耳朵根，这一连串的动作逗得我们哄堂大笑。我们还没反应过来，第一大组的好多同学齐刷刷地站起来，异口同声地叫起来："捧腹大笑！"猜对了！

接着，孙李辰在台上摇摇摆摆，挺着肚子，两手好像环抱着一个很大的东西，头一埋，对着怀里的空气疯狂地啃了起来。李王泽"唰"的一声站起来，自信满满地说："猪八戒吃西瓜！"耶！又猜对了！

哈哈！我们组的杨声远闪亮登场了！他首先比了一个"7"的手势，然后伸出一个食指指向天空，紧接着又做了一个"8"的手势，最后再伸出食指指向地面，一系列动作表演完，有的同学小声讨论，有的抓耳挠腮，一副丈二和尚——摸不着头脑的茫然表情。杨声远紧皱眉头，眼睛发射出急切期待的目光。这时，我自告奋勇站起来，大声说出来："七上八下！"杨声远激动地蹦起来，朝我竖起个大拇指！精彩还在继续……我们个个神采飞扬、兴奋地趣猜成语，欢乐的笑声快把整个教室的屋顶掀翻了。

我们组猜对的词语最多，冠军非我们莫属。其他两个组为没有得到冠军深感遗憾和难过。我想，这个游戏更重要的是它给我们带来了无穷的乐趣和开心的心情，因此不要再为输赢这回事而追究许久了。

指导老师：王群

快乐"水上漂"

如皋市安定小学四（7）班　冒智馨

今天，四（7）班的教室欢声一片，笑语串串。呀，他们正开心地玩着"乒乓水上漂"呢！

游戏规则是这样的：六个水杯排成一条直线，水杯中倒满了水，用吹气的方法让乒乓球渡过五个杯子，最终将乒乓球吹到第六个杯子中，如果途中掉落，就算失败。周峋跃跃欲试："这简直就是张飞吃豆芽——小菜一碟！"而一向连生日蜡烛都吹不灭的我却傻了眼："这，也太难了吧！"

比赛开始了，我们组的第一位干将上场了！瞧，吴成祥那高大威武的身子，严肃谨慎的气势，一定会赢！可事实总会令人沮丧。只见他深吸一口气，鼓起腮帮子，用劲一吹，乒乓球飞到半空翻了个跟头，垂直落水，溅起一片水花。吴成祥毫不气馁，继续吹气，这一回，他躬着背，双手放在胸前，像只龙虾似的。他嘟起嘴，用力一吹，谁知，他用力过度，乒乓球在空中划了一道优美弧线，越过六号杯直接砸到郭皓轩的脑袋，把我们逗得哈哈大笑。接着，女汉子叶可欣跨上讲台，只见她双手扶着桌子，撅着屁股，目不转睛地盯着球，一个萌萌的青蛙公主诞生了!"呼呼呼",她吹了三下,球乖乖地飞到三号杯。可是,当叶可欣第四次吹气时,球却变脸了,无论叶可欣怎么用力,它就像被施了定身法似的,怎么也不肯进入四号杯。叶可欣发怒了,涨红了脸一吹,鼓起比乒乓球还大的腮帮子,这下,球直接越过四号杯、五号杯,直接进入六号杯。我们的小公主高兴得直拍手,雀跃不已地回到座位。

到我了,我激动万分,心里暗暗祈祷:"乒乓小子",你一定要一路狂奔到终点呀!我轻轻地向"乒乓小子"吹去,可"乒乓小子"死活不想离开一号杯子,像生了根似的,赖在那里,动也不动。我又加了把劲吹,那顽皮的"乒乓小子"一蹦三尺高,偏离了轨道,在地上蹦了几蹦,靠在墙角再也不动了,还弄得我满脸是水,听着耳边阵阵哄笑声,我羞得满脸通红地走了下去。看似简单的比赛,做起来却也不容易啊。做任何事情都要有技巧,不能用蛮力呀!

指导老师:石佑霞

抢椅子

如皋市安定小学四（8）班　李雪月

"整天闷在家里，实在太无聊，我们来玩游戏吧！"爸爸嘀咕道。

"是挺无聊的，我们来玩个抢椅子的游戏吧！"妈妈随声应道！"抢椅子？"我满脸疑惑地问，"怎么个抢法？"

"让我来告诉你游戏规则吧！"妈妈接着说道，"我们五个人中，一个人负责放音乐和喊开始，其他人绕着椅子转，谁抢到椅子，谁就赢。"

说干就干，我兴高采烈地搬来椅子，放在我们中间。由于奶奶腿脚不好，我们一致推举奶奶放音乐喊口令。随着音乐声响起，我、妈妈、爸爸和爷爷开始围着椅子转起圈来，那姿势绝对是千姿百态，各展所能。你瞧，爷爷居然用起了"诱敌"战术，只见他弓着腰、缩着头，一手放在下巴前面，一手抵在背后，头和手随着音乐有节奏地伸缩，再加上他那一脸夸张的表情，活像一只大公鸡，真让人忍俊不禁。我完全被爷爷迷惑住了，只顾着看他的"公鸡舞"，完全没有心思去注意椅子。而妈妈就不一样了，她双眼紧盯着椅子，好像那就是她的全部，生怕

一秒不盯住就会被抢走，腿紧靠着椅子的边，做好了随时坐下去的准备。再看向爸爸，他一副漫不经心的表情，挺着"将军肚"，双手别在背后，跟着音乐，哼起了小曲，肚子也一上一下地抖动，好似在跳"肚皮舞"。

音乐越来越高昂，越来越急促，我们也不由自主地加快了脚步。"坐！"随着奶奶的一声令下，妈妈以风一般的速度坐下去，我还没有反应过来发生了什么，她已经抢到了椅子，拔得了头筹。"耶！我赢啦！"妈妈兴奋地叫道！

这个游戏让我受益匪浅：做任何事情只有一心一意才能成功，三心二意只会一事无成。

指导老师：王足琴

撕名牌

如皋市安定小学四（9）班　范泽楷

星期日，我做完作业，趴在桌子上发呆。突然我脑子里闪过一道灵光：对了，可以找伙伴玩撕名牌呀！带上妈妈给我买的贴背后的牌子，我窜出了家门。

很快我和伙伴就在小区体育馆里集合了。我宣布了游戏规则：谁的名牌到最后还没有撕掉，谁就是游戏的胜利者。比赛开始了，我瞅准了一个背朝我的小伙伴，猛地伸手去撕。突然觉得背后有点凉丝丝的。转头一看，不好！他们的目标都指向了我。原来他们使用了调虎离山计。我赶紧躺在地上，躲过了一劫。大家都乐了："这招好使！"刚回过神来的时候，已经有两名小伙伴被淘汰了。我从地上爬起来，用了一招"蛇龙摆尾"，顺利淘汰了一名对手。小伙伴们都揪成一团，笑声、喊声引来了一群小屁孩助威加油。比赛到了白热化阶段，余下的三名选手僵持着。我们都看着对方，一手护着自己的名牌，一手随时想抓其他人的名牌。七八个人只剩我们三个人了，肯定个个都是"名将"，不能掉以轻心啊！就在我愣神之间，最后的战斗一触即发，观战的小伙伴也都屏息凝神，为我们捏了一把汗。一名对手首先发起了进攻，我和队友互相看了一眼，便迎了上去。

只见对手以迅雷不及掩耳之势侧身、滑步，跑到我队友的身后，手一扬，转眼的工夫，我的队友被淘汰了。旁边的小伙伴看得瞠目结舌，速度真是太快了！现在我只能孤身奋战，我冲了上去，心里喊着"我要赢"。只见对手先是一愣，马上眯起了眼睛，站在原地不动。看着我快到面前，他一个侧身，我突然想起队友被淘汰的经历，赶紧蹲下。果然他的手又是一扬，但是却扑了个空。我从地上猛地站了起来，来了一招"海底捞月"，我知道我已经胜券在握了。只听"嗤啦"一声，那位对手的名牌落在了我的手中。我赢了！

　　这个团战游戏告诉我，合作很重要，技巧也很重要。

指导老师：魏钦玲

五官运薯片

如皋市安定小学四（11）班　余泽群

"加油！加油！加油！""唉，怎么又失败了？""啊！终于成功啦！"从四（11）班的"零食场"里发出了一阵阵欢笑声和叹息声，原来"零食场"里正在做"五官运薯片"的小游戏呢！

游戏规则很简单：小伙伴们先要在薯片、饼干等零食中，挑选一种零食放在额头的中间，不可以用手移动，而要通过自己的五官吃到零食。

第一轮开始了，只见我们班高宇辰的脸上可是忙得不可开交。他一会儿把头向下低，想让薯片向下移；一会儿把鼻子向上下左右各个方位转动，让薯片通过鼻子这个"大关卡"；一会儿又把他的那张大嘴向上翘，想努力吃到薯片，真像个挤眉弄眼的小妖怪！可是薯片就像是一个特别顽皮的小男孩儿一样不听指挥，就在快到嘴边的时候，来了个潇洒的大弹跳，气得高宇辰直跺脚。我和其他同学

在一旁幸灾乐祸。高宇辰经过一次次的尝试，终于成功地把薯片吃进了嘴里，心满意足地舔了舔嘴唇。

再来说说我自己吧。嘿嘿！我可是个疯狂的"薯片消灭者"。第一次我把薯片放在额头上，然后使劲眨了几下眼睛，扬了几下眉毛，好不容易才把薯片弄到我的鼻子上。之后我像个马戏团小丑一样做了好几个滑稽可爱的动作，把薯片送进了我的嘴巴里。第二次，我就更加觉得简单了。我眉毛一扬，鼻子一扭，脸颊一鼓，舌头一伸，就轻而易举地吃到了薯片。

快乐的气氛在整个教室里蔓延，小小的游戏，让我体会到了无穷的乐趣。

指导老师：郭炊娟

滚铁环

如皋市安定小学四（13）班　仇辰逸

要过年了，我跟爸爸妈妈回老家大扫除。无意间，在角落里发现了一个铁环。那大概还是幼儿园时买的，买的时候我还不会玩。我顿时来了兴致，想学一学。

于是，我缠着爸爸教我。爸爸带我来到小区里的空地，拿起了那个带着弯钩的细铁棍，对我说："看好了，右手握住铁棍，左手拿着这个铁环，先要把铁棍的钩钩住铁环，再把铁环放在地上，让铁环靠着棍儿，然后用铁棍往前一推，铁环就能滚起来了。"说完，爸爸给我做了个示范。

看起来真简单啊，我迫不及待地一把从爸爸手里抓过铁环。我学着爸爸的样子，用铁棍钩住铁环，可是因为没钩紧，铁环一下子就倒地上了。我捡起铁环，再试一次。我用力把铁环往前一推，终于滚起来了，可是还没等我回过神来，"咣当"一声，铁环又倒下了。我又试了几次，铁环总是没跑多远就倒下来。

我渐渐有些气馁，这时爸爸走过来说："看着简单，其实不简单吧？玩这个要有耐心才行，而且你要一边走，一边推着它，你总是一推起来就放下了，铁环当然会跑不远了。"我终于明白了失败原因，每次都跟在铁环后面跑，轻轻地推着它。现在，铁环就像个听话的宠物，再不会倒下了！

"爸爸，爸爸，我会滚铁环了！"我激动地喊着。爸爸笑了，对我竖起了大拇指。

指导老师：钱晓峰

"我来仿一仿"

如皋市安定小学五（1）班　许梦涵

"哈哈哈"，从我家跑出去了很多欢乐小精灵，在风中欢乐地飞扬着。

原来是我家在玩"我来仿一仿"的游戏。游戏很简单：准备一些日常用品，接着开始模仿亲朋好友的日常生活和喜欢做的动作。

现在轮到爸爸表演了，他模仿的对象是妈妈。只见他睁大双眼，狮吼一般地对我嚷道："还在看电视，快去写作业！一天天的一点自觉性都没有！你五年级啦……"想不到老爸居然是一位优秀的表演者嘛。接着，只见他用一把扫帚支撑着手，一手叉腰，仿佛自言自语抱怨："我说你们爷俩能不能爱干净点啊？我就是个佣人，都要累死了！你看这臭袜子是谁放在沙发上的呀？"哇，这简直是"妈妈二号"，爸爸演得真好！把妈妈的那套"紧箍咒"全都学会了！真厉害！把一旁的观众——妈妈，逗得哭笑不得，先是满脸通红，眼里火苗直冒，接着鼓起的腮帮好似被笑意撑破似的，忍不住"哈哈"大笑起来。

我模仿的是爸爸。我脱掉鞋就往贵妃椅上一躺，一根长吸管一直插到瓶子

里，吸着果汁，翘着一个二郎腿，闭上双眼听着音乐，两手放在头上，身体随着音乐的节奏摇摆，还不时抖动着脚丫子。"像！"爸爸跳起来，"演绝了！"他把两只手拍得通红。

妈妈也笑道："你真是个小戏精！"

有趣的游戏，更有趣的家庭，我爱我家哦！

指导老师：黄瑞华

趣夹弹珠

如皋市安定小学五（2）班 刘雅婧

今天，妈妈神秘兮兮地对我说："我们来玩个游戏，叫夹弹珠。"我听了高兴得一蹦三尺高，心想着：我平时眼疾手快，夹弹珠对我来说应该是小菜一碟！

只见妈妈把两盆弹珠放在桌上，再在盆底倒入一薄层清清的水。那一颗颗弹珠圆滚滚的，晶莹剔透，有了水的浸润，看上去更加亮闪闪的。细细观察，每颗弹珠里面还镶嵌着一片片五彩的花片，五光十色，鲜艳夺目。

比赛快要开始了。我先扭扭脖子，活动活动手腕，做好充分的准备，但心里还是十分紧张的。我瞥了眼对手——弟弟，他神态自若，看上去信心满满的样子，使我更加不安了。没想到我这个姐姐也有被弟弟的气势压倒的一天。我赶紧拿起筷子握住中间部分，两边呈叉形，一副蓄势待发的样子。妈妈一声令下："开始！"我迅速地向弹珠夹去。当筷子一碰到弹珠，我的手指猛一用力，往中间一收，弹珠被牢牢地夹住了。我心里偷着乐：夹弹珠，so easy！我将筷子小心翼翼地抬起，眼睛一刻也不敢斜视，慢慢将弹珠移动到小碗上方。"啪嗒"一声，弹珠乖乖地落入了碗里，滚动了几下就静止不动了。良好的开端是成功的一半，我顿时自信心爆棚。就这样，我顺利地连夹了三颗弹珠。可当我洋洋得意地夹起第四颗的时候，这个小淘气"当"地一下滑回了碗里，溅起了一圈水花，打乱了我快速运送的节奏。不如换一招吧！我将筷子叉开，向它的底部伸去，见它稳稳地躺在了两支筷子交会的前端，轻轻将筷子抬起，可能是太滑了，筷子头部稍微

一低，它居然又"咕噜噜"地滚回了碗里，好像和我玩捉迷藏似的。气死我了，我恶狠狠地瞪着它。"当当当"，只听见旁边弟弟的碗里不时传来弹珠落入碗里的声音。怎么办？再这样下去要落后了，我不由捏了一把汗。有了，这时我聪明的脑瓜灵光一闪，顿时有了主意。我先把弹珠赶到盆的边缘，这样它少了一半滚动的范围，然后紧紧地握住筷子，对准它的"大肚子"狠狠一夹，它居然纹丝不动，服服帖帖地粘在了两根筷子中间，这招真管用！我紧张得大气都不敢喘一口，慢慢地、轻轻地将它向小碗方向移动，随后手指一松，"咣当"，它碰到碗沿时发出了清脆悦耳的声音。终于把这个小麻烦解决了。有了这一次的经验，我更加得心应手了。当最后一颗弹珠被我稳稳放入碗中时，妈妈"时间到"的命令也接踵而来。我终于长长地舒了一口气，同时用余光瞟了眼弟弟的弹珠盆。"还剩这么多！"我不由夸张地说道。看到妈妈责备的目光时，我才发现我实在太过得意了。哈哈，不过，第一名肯定非我莫属了！这可不是吹的，实至名归呢！

  这个游戏令我印象深刻，在面对困难、解决问题的过程中，我体会到了只有坚持不懈，才能获得成功。

指导老师：刘蕾

投 壶

如皋市安定小学五（3）班　王柄钦

"奶奶，奶奶，你在干什么呀？"我好奇地伸长了脖子，凑到奶奶身旁。

"这呀，叫'投壶'。"奶奶满脸自豪地向我介绍，"我们小时候就经常玩，可有意思了。"

我朝前望了望，一个细脖子的朱砂瓶，八九根被拔掉箭头的、细长的白翎箭。这……还有趣？太容易投中了！

"你来试试？"奶奶从地上捡起一根，递给了我。这有什么难的！我手臂略微一摆，就投中了。奶奶增加了难度，弯下腰，把瓶往前挪了挪，又递给我一根。这次离我比较远了，我眯着眼睛，瞄准了很久，比划了几次，才小心翼翼地射了出去。呀！正中瓶口！

不出我所料，奶奶又向前挪了挪瓶。这次难度就大了，瓶口那么细小，很容易投偏。我试着比划了几下，歪着头想了想，那就拼一次吧！我左脚在前，右脚在后，左手用食指和中指对准着瓶口，右手拿着箭慢慢降低高度，调整方向和角度，估计力度和射程，稍稍迟疑了一下，射了出去。

谁知，我的手在脱离箭的那一刻，误碰了一下翎羽，箭被碰歪了方向，擦着瓶口，划着

瓶身，掉在地上。

"奶奶，你来吧。"我把箭给了奶奶。奶奶竟又把瓶子移了移。

奶奶朝手上呵呵气，搓了搓，颤巍巍地拈起细线，眯起眼睛，左手扶膝，身体前倾，右手微微调整，然后身体左转，带动右手发力，箭如流星一般飞速向前射去。等一等！奶奶为什么要往上扔？这样应该射不进呀！我直替奶奶着急，却恨时机已晚，想叫却叫不出声，眼睁睁地看着那箭朝半空中飞去。

但下一秒，我又不敢相信自己的眼睛：箭在半空中划出了一道弧线，开始向下急速俯冲。最后，只听"嗖——当！"箭稳稳地掉在了瓶中。

"奶奶，奶奶，你是怎么做到的？"奶奶不在意地摇了摇手，像小孩子一样笑了。

这个游戏，考验了我们的动作协调能力和感知能力，老少皆宜，还有助于促进我们身体合作功能的发展呢。

真是"高手在民间"呀！你能投进多远的瓶子呢？道具简单，箭可以用细竹棍代替，你们也来试试吧！

指导老师：冒晓燕

圈圈里的快乐

如皋市安定小学五（4）班　洪冒思源

这个春节真特别，除了在家贴春联、贴窗花、贴福字，全家还从小游戏中寻找到快乐。

在家里能玩什么游戏呢？爸爸提了个建议：滚铁环！这是他们儿时的游戏，对我来说倒是新鲜。为了全面了解，我迅速打开电脑请教"度娘"。嗬，这滚铁环还真是传统学生游戏，在二十世纪六七十年代盛行于全中国。玩家手捏顶头"U"字形的铁棍或铁丝，推一个直径66厘米左右的黑铁环向前跑。也可以在铁环上套两三个小环，滚动时声音更响亮。滚铁环动作有一定难度，需要技巧。个人活动、集体竞赛均可。有50米或100米竞速、有100米障碍（如绕树丛、过独木桥）、4×100米接力等比赛项目。我看着介绍就心动了，咱们一家四口，可以来个小型比赛嘛。

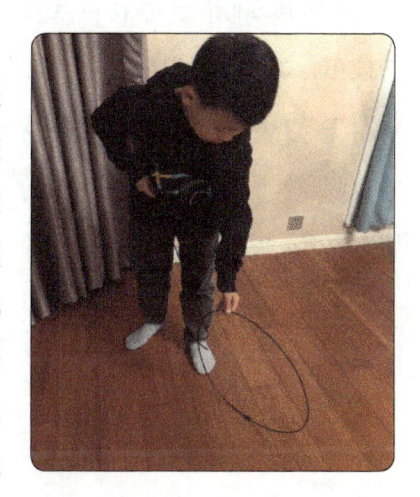

不过得先制作铁环呢。爸爸找齐了材料，用铁丝围成圈圈状，接头处裹紧，然后再做出一根长柄的铁钩子，可以推着铁丝圈滚着走。等做好了三副铁环，"装备"准备齐全后，话不多说，开玩儿！妈妈充当裁判员，咱们爷儿仨在家门口空地上进行比赛。

"裁判员"妈妈一声令下，我们三位选手同时冲出了起跑线。平时动作很敏捷的弟弟，这次推着个摇摇晃晃的铁环，还真不好驾驭，他眼睛只顾盯着铁环却没看路，一下子摔了个大马趴！我和爸爸根本没心思管，谁都想当第一。弟弟见我们冲出去老远，急了，赶紧爬起来，拍拍裤腿上的泥土，干脆直接抓起铁环奔

向前，不一会儿与我们只有一小段距离了。哎哟老弟，你彻底犯规了！不过我转念又想：哥哥应该让着弟弟，就不跟他计较了吧。

也许因为我这么一走神，脚步慢了下来，那铁环也越滚越慢，最终无力地倒了下来，这小小铁环，还真不容易推呢。倒是老爸，大长腿飞快向前，铁环也驯服地乖乖奔跑着，把我和弟弟甩下了一大截，第一个越过了终点！爸爸扬起铁钩棒大叫："耶，我是冠军！"没想到"裁判员"妈妈却给了他一击："你赢了两个小毛孩还光荣啊！你二十年前就开始玩铁环，这比赛不公平啊！"

爸爸挠挠脑门，承认自己的"冠军"作废，接着开始当教练，教我们滚铁环的技巧。妈妈呢，也由"裁判员"转行当上了"摄像师"。铁环滚动的声响和着我们一家人的笑声，回荡在天地间，赶走了冬日的寒冷……

同学们，滚铁环真是有趣的小游戏，也请你与亲人一起来享受这圈圈里的快乐吧！

指导老师：张晓惠

放风筝

如皋市安定小学五（5）班　陈周妍

春光在万山怀抱里，更是绚烂得很。那里的桃花盛开着，漫游的薄云从这峰飞到那峰，我和父母一起去公园放风筝。

来到公园，我发现天空中飘荡着各式各样的风筝，它们颤颤悠悠，互比高低，都在向着蓝天，向着白云，向着未来，展翅飞翔。

开始放风筝了，我拿出了一个蝴蝶风筝。我先找到翅膀两端的两个小孔，把一根黑色的小棍儿穿了进去，这样，蝴蝶就被撑平了。蝴蝶尾巴也是如此，妈妈帮我系好了线，万事俱备，只欠东风了。突然，一阵风吹来，我赶紧松手，风筝一下子蹿出了很高。我非常高兴。我快速放着线，突然一阵大风把风筝吹斜了，就慢慢地掉下来了，这让我十分不开心。

一阵微风吹来，我再试一次，一手拿着线轴，一手拉着风筝，快速跑起来。爸爸一声令下："放！"我猛地一松手，小蝴蝶摇摇摆摆地飞了起来，越飞越高，不一会儿，我的小蝴蝶风筝在天空中成了第一名！我仰着脸儿，目不转睛地盯着我的小蝴蝶，啊，它看起来是多么神气，着一身迷彩绿的"军装"，在蓝天下翱翔，就像一位战斗英雄！这时，同伴们的风筝也都陆陆续续地放飞了，天空中顿时热闹了起来。正在这时候，一条"龙"飞了过来，好像是和我的风筝竞翔。不好了，一个孙悟空和一只蜻蜓"打"了起来，

它俩都不甘示弱，最后，双双掉在了地上。一条花花绿绿的蜈蚣风筝拖着长长的尾巴低低地飞，一只小蜻蜓风筝"嗖"地一下从它身边飞了过去，好像在嘲笑它说："小蜈蚣呀小蜈蚣，你身体这么长，怎么能飞起来呢？还是在地面上爬吧！"一只大红鹰和一只大黑鹰你撞我，我撞你，像是在打架。而我的小蝴蝶却遥遥领先，它一会儿往上飞，一会儿停下来左飘右荡，好像在说："快来追上我呀！"

　　美好的春天，美好的希望，美好的未来，就让风筝承载着我们的希望，和我们的心一起飞向遥远的地方！

指导老师：张晶煜

泡泡彩虹桥——生活中的灵感

如皋市安定小学五（6）班　包孙瑶

生活中，处处皆情趣，处处有惊喜，处处有灵感。——题记

"太阳终于出来了！"大清早，只听见奶奶在楼下大声喊着，她是多么高兴。"终于可以洗衣服了！"

她哼着小曲儿，搓着衣服，身体左右晃动着，仿佛扭秧歌呢。她搓着搓着，一大串泡泡从盆中冒出来，像棉花糖，像云朵，又像发酵的面包一样。看着，看着，我的手不觉有些痒痒，走到水池边，将手伸进盆里，十分享受那软绵绵的感觉，虽然手浸在冰冷的水里，但心却飘到九霄云外了，我都怀疑自己已经睡在云朵上了。

突然，我脑子里蹦出了一个十分离奇的想法：自制一道用泡泡做出来的彩虹桥吧！一想到那漂亮的彩虹桥，我的心快蹦出嗓子眼儿了，心跳似乎乱了节奏，眉毛像站在枝头上的鸟儿，快飞上天空，兴奋得简直要跳起来。

说干就干，首先，拿来一个小纸杯，将它的底部画一个圆，再用剪刀剪去；接着，拿出湿巾，封住杯口，用皮筋固定住；再剪去湿巾剩余的部分，用七种颜色的色素染在湿巾上，这真是一幅五彩缤纷的画面呀。接着，拿出一个小盘子，倒入一些洗洁精。洗洁精清澈透亮，让人不敢触碰，生怕破坏它呢。远看，它像一片小小的湖泊，近看像一滩水似的。再在湿巾上沾一些洗洁精，接着，嘴巴对着底部的圆口用力吹，吹出来一堆堆的泡泡，像一节节云朵火车厢，真是美极了。

当我用手轻轻地触碰，它像弹簧一样，一下子弹起来，跟棉花糖、云朵、发酵的面包不太一样，柔柔的，像极了婴儿的皮肤。

我的心仿佛长出了翅膀，早已飞到九霄云外。我好像飘飘悠悠地飞到了蓝天、白云之上，和小鸟一起绕着彩虹桥上下翩飞。清风拂过耳畔，和着鸟儿清脆的歌喉，我忍不住想放声歌唱，歌唱我发现的"新大陆"。

亲眼看着这道彩虹桥诞生在我的手中，亲手触摸它，这是我人生中最开心的时刻。灵感，真是奇妙无比！

生活真是处处有灵感，处处有创造。

指导老师：陈燕

春节游戏之"一抛即中"

如皋市安定小学五（7）班　袁骁骁

爆竹声中一岁除，春风送暖入屠苏。我们又迎来了一年一度的春节。

春节在家，我和爸爸玩起了许多新花样：如竹蜻蜓、心有灵犀一点通、击鼓传花……但让我最念念不忘的还是一抛即中。

这个游戏既简单又有趣。只要准备5个沙包和一个小竹篮。一个人拿着沙包，另一个人头顶竹篮，双方保持约5米的距离。投掷者需要将沙包投入竹篮里，谁投进的多谁获胜。

我和爸爸两方选手都摩拳擦掌，跃跃欲试，准备一决雌雄。只见我以一个帅气的姿势，猛地一抛，就在沙包好像要进入篮中时，突然它像在跟我作对似的，偏偏从竹篮边上擦肩而过。我毫不气馁，试着将沙包往上抛一点，结果这个沙包实在太不争气了，走到一半时就趴了下来，又没能进。我这坏脾气顿时上来了，使出了九牛二虎之力，不偏不倚的，砸中了老爸那"英俊"的脸，吓得我急忙看看有没有毁容，还好还好，只是受了轻度的擦伤，不然我的脸也不保了。我吸取了前面的教训，脚呈弓字形，身体往后倾一些，瞄准目标发射，正在我得意洋洋时，沙包又一次完美地躲开了竹篮。我慢慢找到感觉，轻轻一抛，居然进了，我顿时手舞足蹈起来。换人了，这一次又到了爸爸当投掷者，我当靶子了。我好害怕，心里默默念着："沙包沙包，千万不要砸到我，您大人有大量，不要记恨小弟以前的失误。"只见爸爸轻松一

抛，沙袋在空中划过一道优美的弧线，掉在了我的竹篮里。我大吃一惊，没想到老爸居然这么轻松，他又轻轻一抛，沙包仿佛被施了魔法一样，乖乖地进了竹篮里。一次，两次，三次，四次，五次，老爸百发百中，让我羡慕极了。我也渐渐找到了技巧，只需要往上抛划出一些弧度，瞄准竹篮就可以了，千万不能使用蛮劲。我又试了几轮，我居然也能百发百中了。

一抛即中真是太好玩了。原来不管做什么事情，都是有技巧的，只要肯动脑筋，善于发现，就一定会成功的。

指导老师：顾春红

逗笑木头人

如皋市安定小学五（8）班　马梓涵

今天，我们玩了个游戏——逗笑木头人。规则是：甲说："一，二，三，定。"乙要做出一个动作，在规定时间内，甲要用语言描述乙的神态与动作逗笑乙，乙要是笑了，乙就输了。乙没有笑，甲就输了。

我和姐姐一拍即合，我兴奋地说："一，二，三，定。"姐姐做了个极其搞笑的动作，二郎腿一翘，坐在椅子上，背弯着，手臂放在膝盖上，呆呆的，衬上一对斗鸡眼，我的眼泪都笑出来了，十秒钟后，我双手抱拳，笑嘻嘻地说："姐姐，这么搞笑的动作只有你才能做的出来呀！我甘拜下风。"她居然还谦虚地说："哪里，哪里，一般一般，世界第三！"

姐姐乘胜追击："再来呀！一，二，三，定。"

我灵机一动，盘腿坐在地上，兰花指放在大腿上，眼睛一闭，像唐僧一样坐禅。心里沾沾自喜：我闭上眼睛，看你怎么逗笑我，耶耶耶！我什么也看不见，我什么也看不见，我就是不笑。忽然，有一阵一阵的凉风朝我的眼睛吹来，睁眼一看，原来是姐姐对着我的眼睛不停地吹风，我哭笑不得。

这个游戏不仅让我们在欢声笑语中度过了愉快的一天，还让我学会了细节描写，让我"满载而归"。真不知道我和姐姐下次聚在一起玩儿会是什么时候呢？

指导老师：王银璐

有趣的游戏

如皋市安定小学五（9）班　陈彦宇

"哈哈哈……"我和爸爸的笑声回荡在乡间小路上，连湖畔的垂柳都感受到我们的快乐，柳枝条迎风飞舞着……

今日，我正感叹假期无聊呢，爸爸就突然提议："来来，儿子，咱爷儿俩来玩个游戏……"一听到"游戏"二字，我就跃跃欲试起来。爸爸边笑边摊平双手，我不解地挠挠头。"现在，你把手伸出来，游戏规则很简单，谁打到对方手的次数多，谁就获胜。"我闻言立马伸出手，与爸爸掌心相对，上下平行地放在一起："就这么简单。""哈哈，话别说太早哦。这游戏看似简单，可是一个考验反应能力的游戏。"我似信非信。

因为第一次玩，所以爸爸把第一次"进攻"的机会让给了我。我屏住呼吸，猛地向上一击，谁知第一下就落了空，爸爸眼中随即闪过一抹得意。

轮到爸爸攻击了，我本以为可以躲开的，可是不知怎么的，就被突如其来的一双大手给击中了，"啪——"一下，震得我的手直发麻。爸爸的动作可真快，根本不留给我一丝闪躲的机会。因为爸爸打中我了，所以他就掌握了进攻的主动权。不知道怎么回事，每一次我刚准备躲，手的速度却总比脑子的反应慢一拍，一次又一次被爸爸打中，整条小路上时不时就响起宣告着我"失败"的击掌声。是不是我太笨啦？我很疑惑，便偷偷地观察起爸爸的表情和动作，看能不能找出破绽。他表面上很平静，但是他准备攻击的时候，嘴角会露出一丝坏笑，攻击成功后更会肆无忌惮地嘲笑我，打我的时候还喜欢声东击西，我都做好了充足的准备，可爸爸突然朝着外面说："你来啦！"我刚一转身，就发现自己上当了……

就这样，我的手背都快变成馒头了。我想我不能再被打了，我要反击！我静下心想到爸爸说的话——这是考验反应能力的游戏，我决定收拾好心情，全神贯注意老爸的一举一动。终于，一股"掌风"袭来，我下意识双腿一沉，双手向下迅速避开。"欧耶！"我欢呼起来，我成功地躲开了爸爸的进攻，把一旁的妈妈都吓了一跳。

我报仇的时机到了！但我不敢轻易出手，要不然不知道什么时候才能轮到我发挥。我决定收拾好心情，不因胜利的喜悦而失去判断力。我深吸一口气，学着爸爸的样子做了一个假动作，爸爸立刻了然于心，迅速躲开，反应真快！我眼睛一转，又做了一个假动作，爸爸竟然干脆就不动了，看来他以为我又是"虚晃一招"。但这次，我却来了一个出其不意，一击制胜，爸爸的手背被我狠狠地蹂躏了一下，我发出了得逞后的"奸笑"，终于赢了一次，我开心地在院子里跑了两圈，哈哈大笑的声音把邻居都吸引来了……

童年真是无忧无虑，尤其和家人在一起时，身边处处都是欢乐。

指导老师：苏社祥

"真筷乐"

如皋市安定小学五（10）班　吴宗锐

同学们，请一起来观摩我与妈妈的"宅家小游戏"——"真筷乐"吧。

游戏规则：两人或两人以上，其中一人手中拿 6 支筷子，另一人拿 1 个杯口适中的玻璃杯。拿筷人的手与杯子保持一定距离，拿杯人手执杯子，在一条直线上匀速移动。拿筷人需找准时机，松手让筷子自由落体，插入杯中，投中 1 支筷子得 1 分。相同时间内谁得的分多谁就获胜。

这种游戏对我来说就是小菜一碟。哈哈，妈妈你输定了！我信心满满，手中攥着 6 支筷子，抱着必胜的信心来到妈妈面前。妈妈对我笑了笑，不知葫芦里卖的什么药。"待会儿你就笑不出来了，哈哈！"我和妈妈互相打赌——如果我赢了，今天晚饭妈妈就要奖励我一只烧鸡；我输了，那么今天的碗就由我来洗。

第一回合："双蛋"平局

游戏开始，第一回合，女士优先，妈妈丢筷子，我操控杯子。我一边晃着杯子，一边观察着妈妈。只见妈妈双手攥紧筷子，满脸的肌肉都在运动，她酝酿着双手正在蓄力，突然，她找准时机双手忽地一放，6 支筷子像机关枪一样朝我的杯子射来。这莫非就是妈妈的拖地绝学——"铺天盖地"！我的心悬到了半空，可筷子却一支都没有进我的杯子里。我笑了笑，看来这只不过是花拳绣腿而已。第一回合分数以双"鹅蛋"告终，0：0，平局。

第二回合：旗开得胜

我一手攥着5支筷子，另一手拿着1支筷子。我可不像妈妈那样鲁莽，我两眼瞪着妈妈手中的杯子，观察着妈妈运动的规律。等杯子到了最边缘时，我咬紧牙关，使出了我的绝学——"精确连环炮"！"叮"的一声，就像一发狙击弹，筷子不偏不倚地落在了杯子中心。我旗开得胜，准备乘胜追击。可第2支、第3支……第6支都没有中，唉！看来我这"三脚猫"的瞄准功夫还得练练。但好歹以一根"香肠"领先了妈妈1分！

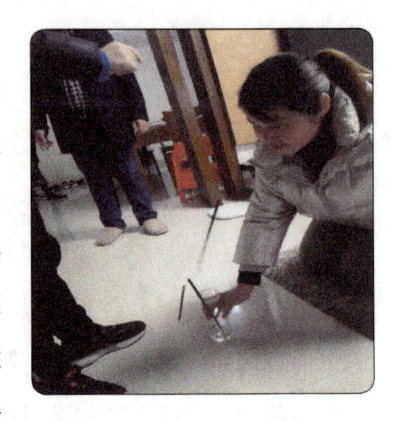

第三回合：比分反转

这回，妈妈聪明了许多，不再满把全扔，而是两支两支"下单"。妈妈观察着我的运动速度和运动轨迹。她用尽了全身的力，双眼瞪得像铜铃，紧盯杯子蓄势待发，现场静得连呼吸声都听得见。

突然，妈妈两手一松，两支筷子仿佛金箍棒一样砸了下来。这难道是武林中失传已久的炒菜绝学——"双管齐下"？"噔！"这一下好似一个晴天霹雳，震得我心窝子都在动。呀！两支全中！接下来几下，只有1支未中。我心里仿佛有一只蹦蹦跳跳的小鹿在乱窜，不禁有些震惊。第三回合比分反转，妈妈以"五指掌"拍倒了我的"香肠"。

第四回合，决胜局开始！

看来妈妈已经把她的看家本领都拿了出来，我也不能拱手相让了。我双目圆睁，咬紧牙关，皱紧眉头，把全身的肌肉绷紧，力气集中在一块，用九牛二虎之力，一手3支筷，使出我的平生真功夫——"三羊开泰"！"嘣嘣！"好似原子弹爆发，地核爆炸，太阳爆裂！我心快要跳了出来，双眼紧闭，不敢看结果。只听妈妈"哇"一声叫，我睁开眼睛，天哪，6支全中！我激动得跳了起来，仿佛破了世界纪录似的。今天妈妈要给我吃烧鸡了。耶，决胜局我来了个大满贯。最终7∶5，我获胜！

嘿，小小的筷子也能带来大大的快乐！因此我为这游戏起了个名叫"真筷乐"！你也来试试这个宅家小游戏吧，让我们的生活充满乐趣。

指导老师：张萍萍

我和妈妈一起玩抓妈荷

如皋市安定小学五（11）班　吴祺轩

"哈哈……我终于赢啦！"这爽朗的笑声，好像有极大的感染力，能让满屋顿时生春；这震耳欲聋的尖叫声，好像有极强的穿透力，能让所有人都听得到。对，这就是来自我的胜利之声，我的喜悦之声。

作业之余，妈妈突然跑过来对我说："我们来挑战抓妈荷游戏吧。"抬头看到妈妈那满脸狡黠的笑，我就知道这个游戏对我来说肯定不易，因为我是个名副其实的"手残党"。看着妈妈闪光的眼睛，我就知道她肯定特别擅长玩这个游戏，并且特别喜欢玩。然后妈妈给我示范了游戏的玩法，这个游戏的精髓就是要眼疾手快。她动作很灵敏，她说她小时候每次玩这个游戏都比其他小伙伴玩得好，看着她嘴角不由自主地上扬45度，明显是在说我必输无疑嘛！我那股不服气的劲被妈妈激起来了，比就比，看着也挺简单的呀。

在了解游戏规则之后，我心里有点发虚了，可也不能临阵退缩。于是决定让妈妈先来，看到妈妈那娴熟的动作，果真，姜是老的辣啊，毕竟妈妈小时候可算是个常胜将军呢。妈妈先赢得了40分后轮到我了，我信心十足地把沙包往上一抛，盯着桌子上的木块猛地一抓。咦，沙包去哪儿了？妈妈大笑着指向我的身后。原来沙包调皮地跑到我的身后去了。我嘟着嘴说道："我还是个新手呢，让我再试一次吧。"妈妈笑着答应了。这次我急忙去接沙包，结果手中的木块又脱落了。

  我就纳闷了：沙包为什么每次都能准确无误地落在妈妈手上呢？为什么沙包和木块在她那里就像是铁，她的手就像吸铁石一样，不管多远，都能牢牢地"吸"在一起？

  接下来，妈妈进行了一波炉火纯青的操作后开始闯关了。我倔强地说道："让我练一个小时之后再来挑战。"一小时后由我发起了挑战。在我发起挑战的第六次，局势终于发生了变化，我已经成功地拿到了80分，妈妈自信的微笑由紧张取而代之。我越战越勇，领先了许多，经过十几分钟的奋战，我终于赢了一局。

  "哈哈……我又赢了。"我爽朗的笑声再次响起，妈妈也放声大笑起来，屋子里充满了欢声笑语。

指导老师：夏邱梅

摔卡片

如皋市安定小学五（12）班　蒋煜

这个寒假老师布置了一个有趣的作业，那就是寻找传统游戏。今天，我就给大家带来了一个好玩的传统游戏，叫做摔卡片。

摔卡片这个游戏是我们的爸爸妈妈小时候常玩的游戏，也是爸爸教给我的。游戏规则就是拿出几张卡片，把其中一张卡片放在地上，再拿另外一张卡片摔在这张卡片上，形成一股风，如果放在地上的卡片被这股风掀翻了，那这张被掀翻的卡片就归摔卡片的人所有了。

要玩这个游戏，首先要学会怎么折卡片。我们需要准备两个长方形的纸，接着把它们重叠在一起，变成1个十字形，然后把这个十字形上下左右4个方向的小正方形向右对折，变成4个小三角形，最后就把这4个小三角形按照顺时针方向向中间折起来，最后1个三角形要塞在第一个三角形中间。这样这个卡片就折好了。为了不会被其他卡片掀翻了，我们可以在卡片里塞一些小铁片来增加重量。

我和爸爸也一起玩了这个游戏，我把一张卡片放在地上，只见他把手举得高高的，瞄准了角度，猛地往地上一摔，只听"砰"一声，卡片被掀翻了。轮到我了，我也拿起一张卡片，学着爸爸的样子，把手举得高高的，瞄准了角度，往地上一摔，卡片落在地上之后，竟然直接滑了出去。我失望极了，爸爸摸着我的脑袋说："摔卡片可不能胡乱摔，要瞄准

了，就像这样。"说完，他又使劲往地上一摔，这一次，卡片连续被掀翻了两次。在爸爸的指导下，我摔卡片的技术大有长进，虽然没有达到百发百中，但是十有八九可以摔翻其他卡片了。

其实这个卡片就像人一样，一旦掉以轻心，就会被其他人打败。学习也是这样，稍有不慎，100分可能就会擦肩而过。因此我们不管做什么事，都要一丝不苟，才会成功。

指导老师：张云

抽陀螺

如皋市安定小学六（1）班　王弋

我的语文老师——唐老师，一位幽默的班主任，她总是喜欢在闲暇时刻为我们读读故事或教我们玩一些经典、有趣的传统小游戏。这不，她又开始教我们玩抽陀螺。

陀螺圆圆的底部，手扶着都不能站起来，什么原因让它在鞭子的监督下屹立不倒？我们将信将疑地按照老师所说的要求去做。首先，我将抽陀螺的鞭子卷在陀螺的上沿，然后将陀螺轻轻放到地上，用左手食指按住陀螺的顶端，不让它倒下。接着，右手握着鞭子猛地一拉，陀螺立刻飞快地转了起来。我猫着腰，双眼死死地盯着陀螺，手中的鞭子不停地抽打着陀螺。难道是我把陀螺抽疼了？它的心情怎么这么差？陀螺没精打采地转动着，还不停地摇晃着，摇摇欲坠的感觉。我开始着急起来，更加用力抽打，但陀螺似乎已经不堪重负，终于悄无声息地倒了下去。

我并不甘心，又重新试了一回。刚开始，陀螺像一个调皮的孩子一样到处乱跑，害得我一会追到这儿，一会追到那儿，累得气喘吁吁，不得不停下来微微喘口气，接着继续追。突然，可能是用力过猛，陀螺被我抽飞到了十米开外，我箭步走去营救，却没能成功。它就这么"阵亡"了。

　　不服输的我决定再来一次。吸取前两次的经验，陀螺在我鞭子的指挥下高速地旋转着，越转越快，越转越稳，不仔细看很难看出它的转动。此时我停下鞭子，它还在那里呆呆地傻站着，直到上课铃声的响起。

　　抽陀螺，一个传统的小游戏，经历了多少代人的传承，给小朋友的童年带来无数欢乐。

指导老师：唐春梅

我最喜爱的游戏

如皋市安定小学六（1）班　夏之恒

我最喜爱的游戏无疑就是"垃圾分类兵"了，我可是玩这个游戏的高手。毫不夸张地说，每次玩我都是第一。

游戏规则十分简单。首先准备4只小垃圾桶、4个盒子和一些写着各种垃圾名称的乒乓球，将"可回收物""其他垃圾""厨余垃圾"和"有害垃圾"分别贴在4只垃圾桶上。然后，"分类兵"们依次在一分钟内将"垃圾"以投篮的方式投入相应的垃圾桶里。最后通过得分和所用时间进行排名。每人开局得十分，投对一个得两分，未投中不得分也不扣分，投错扣一分。

每次比赛我都是和爸爸妈妈一起。先由我来分类。我被分到十个"垃圾"，妈妈一喊开始，我就连忙抓起一个"垃圾"，上面写着两个大字：电池。我不假思索地将它扔向"有害垃圾"，它稳稳当当地落在了里面。我又抓起一个，是纸杯，我便把它扔到"可回收物"。可这回没有那么幸运，它弹到了地上，滚了好远。

时间一分一秒地过去了，我迅速地完成了游戏，得分为27分，用时37秒。我对自己的成绩十分满意，得意地看了看爸妈。爸爸一点儿也没在意，对我说："这有什么了不起的，看我得个满分！"结果他就得了21分。我哈哈大笑，挖苦他道："你的满分呢？"他却反驳道："刚刚是你影响了我，不然我早满分了！"

妈妈也比了一次。在她分类的过程中，将枯树叶扔到了"其他垃圾"。我见状，连忙说："枯树叶属于'厨余垃圾'，因为'厨余垃圾'是指会腐烂的垃圾，而枯树叶会腐烂，所以是'厨余垃圾'。"妈妈恍然大悟，直夸我聪明。这样一来，她更谨慎了。突然，她停下来，问我贝壳是什么垃圾，我便告诉她："贝壳是'其他垃圾'，水产及其加工产品都是'其他垃圾'。"……经过我的指导，妈妈最终得了25分，比爸爸高。

妈妈清了清嗓门儿，像法官一样说道："肃静！我正式宣布，本次比赛夏之恒选手卫冕冠军，他妈亚军，他爸季军！"宣布完毕后，她为我颁发了本次比赛奖品——五颗糖。

这个游戏不仅提升了我的精准度，还增长了知识，明白了垃圾分类的重要性，真是"好几全几美"啊！

指导老师：唐春梅

暗 棋

如皋市安定小学六（1）班　朱晨瑞

有哪一种棋局是反扣着向下的呢？

有哪一种棋局是最小的可以吃最大的呢？

有哪一种棋局是靠运气下的呢？

暗棋是仿着象棋来完成的。不过，象棋是以计策为上，目光放长远些的棋局，走一步，需想三步。而暗棋则不同，在你没有完全翻开之前，你走的每一步都是靠着你的运气的。

下暗棋，需要半边棋盘，一盒象棋子就OK了。道具虽简单，但有一套烦琐的玩法：首先把所有象棋子反扣在半边象棋棋盘上，整齐排列好，每一个棋子都要在每个格子里"安家落户"，一切准备就绪，就可以开始切磋了。先以石头剪刀布的形式开局，赢的一方先随意翻出一个棋子，如果翻出黑色，则为黑方，如果翻出红色，则是红方。接着可以继续翻其他棋子，也可以用翻出的棋子进行攻打。如果吃到同色号的棋子，则两子互换位置；如果吃到对方棋子，比它小的，则为胜，对方失去一个棋子；如果吃到比它大的，则为败，吃的一方失去一子；如果跟对方一样大，则两棋子同时out！暗棋与象棋不同的是：要把对方所有的棋子"赶尽杀绝"才算胜利。光吃到将（帅）是不算的哦！

暗棋中，"将"可以横扫千军，但无兵不为将，"将"遇到"兵"时，只有

死路一条。"士"是一人之下，万人之上，除"将"外，它无所不吃。比"士"小的是"相"，"相"可以吃"车"，"车"可以吃"马"，"马"可以吃"炮"，"炮"可以吃"兵"，而且"炮"可以隔子吃其他棋子。最小的是"兵"，但"兵"可以吃"将"，是不是很新奇？最小的兵可以吃最大的统帅，身份可不低啊！在下棋时，还要注意：每一步都必须一格一格地走，除了"炮"，"炮"在吃子时是隔子打，但在不吃的时候也只能一格一格地走。

当暗子渐渐变成明子时，运气固然重要，但计策就显得极其重要了。所谓走一步想三步，就在此处了，这也是暗棋最精彩的部分，稍一分神，就可能全盘皆输。当然如果你够冷静应对，也可以反败为胜哦！

瞧！这就是暗棋，虽然烦琐，但熟悉之后乐趣无穷，是一个可以活动脑子的游戏噢！它不像象棋那么费脑费时，也不像其他简单的小儿科游戏那么无趣，它介于两者之间。当你学习感到累又不想浪费太多时间时，这个游戏最适合了，可以很快完成一局。但有时也会焦头烂额让你纠结一阵，找到棋逢对手的乐趣！快来一起找小伙伴切磋切磋吧！

指导老师：唐春梅

滚铁环

如皋市安定小学六（2）班　石晨霏

滚铁环，在我的印象里一直都是老一辈叔叔阿姨们才会玩的游戏。而我也一直不知道这个游戏该怎么玩。这不，我就想来尝试一下。

铁环作为一种玩具，由两部分组成，一是铁丝构成的圆圈，一是推动铁环前进的长柄。做铁环，看样子很简单，真正自己做起来，对于我这种"手残党"来说，还是很难的。我用钳子将粗铜线弯曲成圈，铁圈的大小制成桶口一般。由于方便控制铁环的需要，圆圈不能太大，或者太小，但是得尽可能做得越圆越好，这样才有利于滚动。也可以找一个废弃的铁桶，将底部的那个约1厘米宽的铁圈拆下来，便是十分理想的铁环。

长柄可用1根1米来长的小棍子充当，顶端嵌着1个U形的铁钩子，或者干脆用1条尖端拗弯成钩子的铁丝做柄，这样倒更省事儿。

终于，铁环做好了，接下来就要尝试着如何将它滚起来，并能持续一段时间。

我将铁柄放在铁环的中下部分，轻轻地向前推去。可是铁环不仅没有滚起来，反而倒在了地上，我不服气，便重新尝试。可是铁环总是不听我的使唤，像个倔强的孩子硬要躺在大地妈妈的怀里。我总是掌握不到要领，只能被滚动的铁环"牵着鼻子走"。在一次次失败当中，我逐渐累积了经

验，掌握了一些技巧。经过了无数次的尝试，失败，再尝试，再失败……终于，我成功了！直线、曲线、绕圈、掉头，环随人走，稳稳当当。想知道技巧吗？我来和你讲讲。滚铁环的技巧呢，就是手中的铁钩要抵在铁环下方三分之一的位置，推铁环的力量要朝向倾斜的一方，还必须达到一定的速度，这样铁环才不会倒地。滚铁环的关键之处在于掌握好平衡，否则铁环就会"哐啷"一声，跌倒在地。这时，我们手上的长柄就像方向盘一样控制着铁环的方向。你会了吗？不如自己也去试试吧！

这个游戏，想要玩好，也得下点功夫。无论做什么事情，都要掌握技巧，吸取教训，只有这样，才能成功。这，不就是游戏中蕴含的道理吗？

指导老师：薛美霞

照镜子

如皋市安定小学六（3）班　郭曼可

提到镜子，大家一定都不陌生吧！如今，镜子已经走进了每家每户，成为了人们梳妆打扮的好伙伴，而我创编游戏的名字，就叫"照镜子"。这个游戏能培养我们的冷静思考能力和反应速度。

众所周知，我们在照镜子时，看到的东西都是反的，我就是由这个受到的启发。那天，我正撑着头想着创编什么游戏，但无论怎么冥思苦想，都想不出来，急得我直拍打额头。我跑去求助爸爸："爸，我创编什么游戏好呀？"可爸爸的眼睛正直勾勾盯着手机呢！勉强回答我："嗯，努力再想想。"我沮丧地坐到镜子前生闷气。

突然,我的目光投射到了镜子里润肤水瓶上反着的字,我脑中灵光一闪,心想我为什么不能创编一个像照镜子一样的游戏呢?于是,我凝神想了片刻,终于想出了"照镜子"这个游戏,它的玩法大概是这样的:两个人分别站在一条线的两边,猜拳后赢的人随意往前后左右任一方向跳,另一个人必须在2秒内反应并往相反的方向跳。要是可以的话,再来一个人,数数一共坚持了几次。等玩得熟练了可以加快跳的速度。

　　想到了游戏,我便要看看效果如何了,我喊上妈妈给她讲了玩法。接着,我们俩试着玩了起来。我出师不利,猜拳竟输了,只好跟着跳。妈妈往前跳我赶忙向后,他往左跳,我便往右……虽然没有跳错,但我也手忙脚乱的,心里的弦绷得紧紧的,时刻不敢放下。玩了几次后,我找到了技巧:每看到妈妈身体向哪里倾,她就要往哪里跳。得到技巧后,我和妈妈玩得不亦乐乎。哎呀,我一不小心跳反了,游戏结束,爸爸算过,我们一共跳了20次,令我欢呼雀跃。

　　这就是我创编的游戏"照镜子",看上去简单,实际很刺激的,你们喜欢吗?

指导老师:郭海霞

你来比划我来猜

如皋市安定小学六（4）班　刘陆潞

游戏，一种让人感到兴奋的东西，使人难以抗拒。令我感到兴奋的游戏也有好多种，其中，最令我印象深刻的要属"你来比划我来猜"这个游戏。

这个寒假有点长，宅在家的某一天，我和爸爸、妈妈、弟弟心血来潮，玩起了这个游戏。我们首先用黑白配分组，得知我和爸爸一组，弟弟和妈妈一组。

首先由弟弟表演，我和爸爸妈妈猜。他首先选了一个词语，绘声绘色地表演起来，"四个字，第一个字！"弟弟说，紧接着，他哈哈大笑起来，"笑"到我们三人一起喊停，接着他又说"第三个字，黄河长……"。"江！"我叫道，笑什么江什么，我思考着，可旁边的妈妈却在我之前喊道"笑傲江湖"，哎，就这样，妈妈这队赢了这一局。

紧接着，到我表演了，我一眼就看中了"吃货"这个词语，我说："这个词语是用来形容我的……""贪吃鬼、胆小鬼"这几个词顿时从弟弟口中冒了出来，使我哭笑不得。我又一次提醒他们："两个字。""吃货！"爸爸脱口而出。耶，这一次妈妈这组成了我们的手下败将。

接下来，轮到滑稽的爸爸表演了，他一上来就用他的右手使劲地拍着自己的屁股，"哈哈哈……"。我、妈妈和弟弟笑得停不下来，弟弟笑得弯下了腰，双手紧紧抱着肚子，爸爸接着又学着"马"叫了几声，一会拍屁股一会学马叫。"拍马屁！"妈妈喊道。"对啦，对啦！"爸爸一边大笑一边说道。哈哈，这真是知我爸者，我妈也。

你来比划我来猜这个游戏不仅好玩，还锻炼了我们的思维和表演能力呢。这么有意思的游戏，你们不想玩吗？

指导老师：唐娟

谁是卧底

如皋市安定小学六（4）班　许菡芮

星期六，阳光明媚，万里无云，我、姐姐还有妹妹准备一起玩"谁是卧底"这个游戏。游戏规则：每局六人，两个卧底，每人会拿到一张卡片，卡片上会有一个词语，我们需要在纸上写出这个词语特点（卧底也不知道自己的身份），等所有人写好后，一起亮出纸牌，然后进行判断，最后投票淘汰。如果卧底全部淘汰，那么好人胜利，如果还剩一名好人，那么卧底胜利。

游戏开始了，我随机抽了一张卡片，只见卡片上写着"牛奶"这一词，我想了想，在纸上写"这个词有两个字"。所有人都好了，我们一起把纸转过来，我们互相看了看，准备投票，我选择了弃权。投票结束，3号玩家淘汰。

第二轮开始了，我在纸上写"这个东西是可以吃的"。等所有玩家写好，亮好纸后，我看了看，1号玩家写的是"白色的"。2号玩家写的是"流动的"。4号玩家写的是"这种东西比较黏稠"。6号玩家写的是"有各种口味"。看完后，我已经知道谁和我不一样了。投票开始，我迅速投了4号。投票结束，4号玩家淘汰，好人胜利。我猜卧底的词一定是"酸奶"，果不其然，卧底的卡片上就写着"酸奶"。

"谁是卧底"这个游戏是我在人多时最喜欢玩的游戏，你呢？

指导老师：唐娟

"伶牙俐齿"大PK

如皋市安定小学六（5）班　季楠

新年到，家家户户热闹起来了。今年我们没出去旅行，在假期我当了一回游戏设计师。

在我看来，最方便快捷的游戏就属语言文字类游戏了，不需要太多道具，而且是我们的母语，老少皆宜。但要说熟练掌握母语，就不是那么容易了，中国文化博大精深，我这次设计的游戏跟汉字有关。

我设计的这个游戏名为"伶牙俐齿"，看名字就知道是比谁更会"说话"的，游戏里加入了形近字、同音字组成的口令。游戏规则如下：两人同时准备迎接裁判的口令，轮流复述口令，中间出错或超时的即为失败。另一人开始说，限时10～30秒，直到一方完全说对，即为胜利。输者需要在规定时间内背完九九乘法表，不可含糊其辞，不可超时，否则还需要表演节目。

讲完规则后，我便迫不及待地拉上妈妈的手，准备开始游戏了。第一局是我对阵妈妈，需要复述的口令是：牛郎恋刘娘，刘娘恋牛郎，牛郎年年恋刘娘，刘娘年年念牛郎，郎恋娘来娘念郎，念娘恋郎，念恋娘郎。刚看完，我便发出了哀嚎，这不免太难了吧！"n"和"l"容易混淆，限时只有15秒，时间也不多，这该怎么办呢？就在我抓耳挠腮时，妈妈幸灾乐祸地提醒我，要开始啦，于是，我只有硬着头皮上了。我尽可能地将每个字都读准，

竟也不知不觉念到了最后一句，眼看胜利在望了，舌头这时竟不争气地打结了，把最后一句的"娘郎"念成了"凉凉"，功败垂成啊！于是宝贵的机会给了妈妈，我心里默默祈祷妈妈一定要说错，还在旁边朝妈妈挤眉弄眼，干扰她，果然妈妈被我逗笑了，说错了一个字。哈哈，又轮到我了，这次我聚精会神，屏蔽周围的一切干扰，终于在规定时间内正确地读完了，这局我险胜。我朝妈妈比了个耶，笑眯眯地说："妈妈，准备背诵乘法表吧！"妈妈不甘示弱地说："小意思，听好啦……"最终妈妈在规定时间内背完了，我们也开始了新的一局……

快乐的时光总是短暂的，不知不觉我们都玩了好几局了，有成功时的欢呼雀跃，也有失败时的追悔莫及，同时也感受到了我们汉字的无穷魅力。

虽然只是一个简单的小游戏，却也能帮助我们更好地学习汉字，妈妈也夸了我这个新手"游戏设计师"，不知道你们会不会也喜欢这款"伶牙俐齿"呢？

指导老师：卢小娟

官兵捉贼

如皋市安定小学六（5）班　司奕钦

游戏从来都是如此多娇，引无数家庭竞折腰。今天，我们玩的"官兵捉贼"更是妙趣横生。

游戏规则也颇为烧脑，老妈讲了多遍，我们也似懂非懂，总共有4个字，分别是：官、兵、捉、贼。通过抓阄的方式来领取，抓到"捉"字的你，要自报家门，来当猜贼人，在剩下的人里选出贼来。如果猜不出来，那可是要有惩罚的哟。

激动的心，颤抖的手，老妈选我有没有。我用无比期待的目光盯着老妈，她似乎也被我的诚意所打动，一下子就点到了我。

我们四人在桌前一字排开，老妈摊开手掌，掌心里赫然躺着四张纸条，我心里祈祷着，千万别是"捉"字，我可不想受惩罚。其他三人早已先下手为强，我也不甘落后，伸手便抓，摊开一看，呀！真是天不饶人哪！一个明晃晃的"捉"

字，躺在我的手心，我也不躲了，将字交给老妈，坦白了自己的身份。其他三个人见了，立马与我划清界线，生怕被我看到，可谓是人心险恶呀！我定下心来，仔细扫过每个人的脸庞，奶奶面无表情，神色凝重，不像是贼。再看妹妹，呀！我被吓一跳，她口吐舌头，脸色苍白，两个白眼球随着我而蹦跳着，这……这不就是那白天都能吓死人的白无常吗？再看一看表哥，往常不做作的他，如今也搞怪起来，像一个跳梁小丑。再回过头来，奶奶的眼神有些躲闪。我明白了，真相只有一个，奶奶便是凶手，她出乎意料地睁大了眼，然后无奈地苦着脸，只好将纸条交给了老妈。啊！幸福来得真是太突然了！

　　接下来，奶奶再次失败，一拿到纸条便自报家门——"官"，真是不怕神一般的对手，就怕猪一般的队友啊！哈哈……

指导老师：卢小娟

扑克大 PK

如皋市安定小学六（8）班　杨嘉沁

在一个闲得无聊的日子里，我看见了已经摆在我书桌上好长时间的扑克牌。平常我根本无心玩这些无聊的小游戏，可今天不知怎的，我却突然来了兴致。我邀请爸爸、奶奶来和我进行一场扑克大赛。

第一局开始了，我们轮流抽牌，可谁知我运气欠佳，抽到的都是"3""4""5""6"的小牌，真是让我哑巴吃黄连——有苦说不出啊！哎，运气不好，能怪谁呢。再看看爸爸和奶奶，只见他俩满面春风，笑盈盈的，真是苦煞了满面愁容的我。紧接着，就是出牌，我先把3个"3"出了出去。心想，还是早点把小牌出完吧，要不然他俩一定会攻得我措手不及吧。到时候，我可能就"小命不保"了。不过，可惜的是，他俩一眼就看穿了我的诡计，奶奶立马把3个老K给搬了出来，这下可把我急坏了，马上在自己的牌里翻了翻，希望自己的牌里有更大的，但是，这一切都是徒劳。我只能看着他俩一张一张地把牌出完，而我一整局只出了3个"3"，这一局他俩毫无疑问地赢了，我这个地主算是彻彻底底地失败了。

第二局开始了，我迅速地调整了我的心情，我让爸爸先抽牌，而我则是小心翼翼地抽着牌，可老天好像特地要和我作对似的，让我永远都抽不到好的牌。不过，等快进入白热化阶段时，我迅速地分析了战局，并猜出了他俩手中还剩下哪

些牌。每出一张牌，我都要琢磨好半天，不禁让他俩心浮气躁了。渐渐地，我就从中反败为胜了。

　　第三局开始了，我们三个都吸取了前两把的教训，全神贯注地盯住对方的眼神，想从中获取些秘密，但是谁都没有得逞。我先出牌，但渐渐地，我能够出牌的机会越来越少，这可让我有了一丝不爽，但理智还是使我恢复了常态，我又占了上风。半局下来，我们几乎不分上下，结果打到最后，竟然还打了一回平手，真是让我既开心又有些恼火。

　　看来，还是要知己知彼，才能百战百胜啊！以后还是要多加练习的。

指导老师：阚海燕

第三章
嬉戏在大自然中

第1节　玩在四季

| 1 | 春天的帽子 | 李修言 |

游戏准备： 胶带、剪刀、小树枝、树叶、花瓣

游戏地点： 户外

游戏过程

春天到了，树叶都发芽了，各种各样的花朵都盛开了，好美丽啊！在春天里，我好想做一顶属于春天的帽子。

1. 星期天，我们可以去小公园里捡一些小树枝、树叶、花瓣。

2. 我们要先把胶带反过来贴在桌子上面，然后把小树叶、小树枝和小花朵一个一个黏在胶带上，贴树叶的时候真是太有趣了。

第三章 嬉戏在大自然中

3. 最后把胶带沿着头绕成一圈，这样一顶漂亮的帽子就完成啦！

4. 戴上漂亮的帽子，我感觉自己就像来到梦幻仙境，我要把它送给春姑娘，让她戴上这顶美丽的帽子去到全世界各个地方！

小链接

可爱的春姑娘，
戴着春天的帽子，
迈着轻盈的步子来到人间。
那一片生机的景象便随之来到四面八方，
整个世界像刚从一个漫长的睡梦中苏醒过来，
共同赴一场春日的盛宴。

（指导老师：冒亚芳）

2	龙　虾	张宗衍

游戏准备：竹竿 1 根、纱网 1 个、蚯蚓若干、水桶 1 个、板凳 1 张

游戏地点：家门口的小河边

游戏过程

1. 准备工具：准备竹竿、纱网，竹竿一端系上 2 米长的细绳，绳子上绑上龙虾最爱的蚯蚓作为饵料，再准备 1 个水桶和 1 张小板凳就可以出发啦！

2. 找准钓位：小龙虾是食腐动物，且喜阴怕阳，最喜欢躲在水草下面，家门口小河边的芦苇丛就是它们的首选之地。

3. 掌握钓法：钓龙虾需要有足够的耐心。龙虾一般会先用两只大钳进行试探，然后再夹住诱饵慢慢往嘴里送，如果钓线有轻微移动或下沉，此时先不要急于拎竿哦，应再等两三秒，等它的大钳子牢牢钳住"到手"美味的时候再慢慢收竿，一只小龙虾就钓上来了，整个过程有趣极了！

自创儿歌

小龙虾

小龙虾，
穿盔甲，
举着两只铁锤爪，
两根天线头上架。
敌人来，
不害怕，
抡起铁锤打回家，
我是勇敢小龙虾。

（指导老师：冒亚芳）

3　挖螃蟹

孙徐熠

游戏准备：铁锹、桶、手套、雨靴

游戏地点：江边

游戏过程

到达目的地，小朋友先换上靴子，戴上手套（防止捉螃蟹时夹到小朋友的手），然后开始在江边寻找小螃蟹的家。有小洞洞出现的地方可能就有小螃蟹出现，就用铁锹挖开泥土，顺着小洞洞延伸的方向一直往前挖，就会有小惊喜哦！

温馨提示

小朋友在捉螃蟹时，记住用手抓住螃蟹的背部，千万不要去抓它的钳子。虽然戴着手套，也有可能会受伤哦！

自创儿歌

小螃蟹

小螃蟹，真奇怪，
眼睛大大脾气怪。
横行去，横行来，
摇摇摆摆左右拐。
大剪刀，随身带，
咔嚓咔嚓好厉害。
小鱼儿，快快快，
要保生命快躲开。

（指导老师：冒亚芳）

4　趣玩"芦苇叶"

谢宇泽

游戏一：芦苇哨子

游戏准备：芦苇叶、细小棒　　　**游戏地点**：户外

游戏过程

1. 选芦苇叶：对芦苇叶的选择比较宽泛，选择叶子较大、形状规整的芦苇叶最好，找到后往下一拉就下来了。

2. 卷一卷：将潮湿的芦苇叶直接卷一卷做成口哨，将尾部找个细小的棒穿过去固定一下收尾。

3. 再将口部用大拇指和食指轻轻捏一下，芦苇叶口哨就做好了。

4. 哨子做好后，放入嘴巴吹一吹。

自创儿歌

芦叶哨子声声响

小芦叶，手中拿。
卷一卷，捏一捏，
吹一吹，有声啦！
芦叶哨子做成啦！
鼓起嘴巴吹呀吹，
芦叶哨子声声响。

（指导老师：冒亚芳）

第三章　嬉戏在大自然中

游戏二：芦苇笛子

游戏准备： 芦苇叶心　　　　**游戏地点：** 户外

游戏过程

1. 找到芦苇叶心，将它拔出来。
2. 剥去第一层和里面多层，只保留叶心的第二层。
3. 放到嘴巴吹一吹，那声音像蜜蜂的"嗡嗡"声，如果动弹自己的指尖，就像吹笛子一样，发出的声音更为优美、动听。

自创儿歌

芦苇笛子

芦苇塘边找叶心，
找到叶心手中拿。
剥去一层和里层，
保留叶心第二层。
轻放嘴边吹呀吹，
发出声响像蜜蜂，
嗡嗡嗡，嗡嗡嗡。
八指动弹吹呀吹，
七彩音符真优美。

（指导老师：冒亚芳）

闲暇游戏

润泽儿童诗意人生 >>

游戏三：好玩的风车

游戏准备：芦苇叶、细小棒　　　　**游戏地点**：户外

游戏过程

1. 芦苇塘边找到3片芦苇叶。
2. 将芦苇叶撕成一分为二。
3. 将撕好的芦苇叶对折。
4. 将3片芦苇叶首尾相接、拉紧，就成了这种小巧的小风车了。

自创儿歌

好玩的风车

芦苇叶片一半撕，
三片叶片对对折。
首尾相接拉拉紧，
细小棒子顶头顶。
小风车，做好了，
跑得慢，转得慢，
跑得快，转得快。
跑呀跑，转呀转，
芦苇风车真好玩！
我一跑，它就转。

（指导老师：冒亚芳）

5　斗　草

　　　　　　　　　　　　　　　　　　　　　　　　　　许馨诺

游戏准备： 准备有韧性的草茎或树叶叶柄

游戏地点： 草地、公园

游戏过程

咱们比比，看谁挑的小草更厉害！谁先断，谁就输咯！

小链接

　　斗草自古由来已久，是端午节的一种习俗。江南春早，立春草长，学生互相用草角力，坚韧者胜，折断者败。白居易的《观儿戏》中有"弄尘复斗草，尽日乐嬉嬉"，贯休的《春野作五首》中也有"牛儿小，牛女少，抛牛沙上斗百草"，展现了人们欢天喜地玩斗草的场景。

（指导老师：冒亚芳）

6　榆叶面

王姜贻

游戏准备：篮子，面粉，油、盐等调味料

游戏地点：户外榆树旁

游戏过程

春暖花开，万物复苏，在我们长寿之乡如皋，春季人们喜欢摘榆树叶蒸着吃。因为它含有多种矿物质和维生素，能为人体补充丰富的营养，促进身体代谢。

榆叶面制作步骤：1. 拿篮子、竹竿将榆树叶摘下。2. 将摘下的榆树叶挑拣，清洗干净。3. 洗净后的榆树叶撒上少许盐，再加上少许的油和面粉搅拌均匀，放到蒸笼上蒸熟即可。4. 蒸熟后，蘸着调料吃即可。

榆叶：卵状披针形，叶面平滑，边缘有锯齿。

小链接

榆树叶，嫩叶可食，亦可入药。《魏书·上党王天穆传》："河南人常笑河北人好食榆叶。"听说在饥荒年代，人们没有食物可吃，他们吃榆叶面主要是为了填饱肚子。

（指导老师：周亚兰）

第三章 嬉戏在大自然中

7 凤仙花染指甲

何文煊

游戏准备： 凤仙花、干净的小容器、食盐、麻叶、细线
游戏地点： 庭院或花园

游戏过程

夏季到来，很多爱美的女性都会涂上漂亮的指甲油，纤纤十指让人觉得非常美丽。但是指甲油对手指的伤害也是非常大的。那有什么好的方法呢？选用凤仙花（又名指甲花），既美丽，又不会伤害健康。

首先把凤仙花的花瓣摘下来，不用太多，有一小捧就可以了。接着加入适量明矾或食盐，捣烂，放置半天，让水分蒸发一些，染色效果更好。然后把捣碎的凤仙花瓣放在指甲上，让其盖住整个指甲。最后用麻叶或塑料袋把手指头裹着，并用线缠住，睡一觉起来就染上颜色了。第一次染色可能不太红，可以多染几次，颜色就会不断加深。

凤仙花本身带有天然红棕色素，很早就有人种植，并用它的汁液来染指甲。七夕染甲，是中国女性的习俗。据记载，埃及艳后就是用凤仙花染头发的，著名的印度身体彩绘，也是用它染色的。

小链接

相传在很久以前，在福建龙溪有个叫凤仙的姑娘，长得亭亭玉立，秉性温柔善良，与一个名叫金童的小伙子相爱。一天，县官的儿子路过此地，见凤仙这般漂亮可爱，顿生歹心，前来调戏，被凤仙臭骂一顿灰溜溜地走了。凤仙知道这下可闯了大祸，县官儿子肯定要来找麻烦。于是决定与金童一起投奔外地。凤仙只有父亲，金童只有母亲。两老两少连夜启程远走他乡逃难。途中金童的母亲患病，荒山野岭又无处求医访药，四人只好停步歇息。

县官听说儿子被村姑骂了一通，就命手下前来捉拿凤仙。眼看就要追上，无奈之中凤仙、金童拜别父母，纵身跳入万丈深渊。两位老人强忍悲痛，将凤仙、金童二人合葬。晚上两位老人依坟而卧。凤仙和金童托梦给父母，告之山涧开放的花儿能治母亲的病。次日醒来，果见山涧满是红花、白花，红的似霞，白的似银。老人采花煎汤，服后果真药到病除。后来，人们就把这种花命名为凤仙花以示纪念。

（指导老师：周亚兰）

| 8 | 芦苇风车 | 李梓豪 |

游戏准备：芦叶、芦苇杆若干

游戏地点：河岸上、田埂上等空旷场地

游戏过程

嘿，这些天春风刮得真好，别人都爱玩放风筝，可是妈妈却带我来到外婆家，请外婆帮我制作风车来玩儿呢！

我们来到小河边，外婆采下一片苇叶，将中间硬的茎撕掉，留下两片叶子在手里细细地折叠，来回翻转、穿插。外婆又折了一根青绿的芦苇杆，将叶片摘掉，用杆尖儿小心地穿入风车的孔内，打上一个小小的结。芦苇在外婆灵活地摆弄下，变成了一个拥有飞机螺旋桨的风车。

我举着风车在河岸上跑呀、跳呀，高高的芦苇杆上，我的小风车在快乐地旋转着，发出的哗哗声，多像一首美妙的乐曲啊！

今天真是高兴极了，因为我感受了一回妈妈的童年乐趣。

小链接

风车

薄薄芦叶做风车，拿在手里举得高。
叶片飕飕转得快，又说又笑追着跑。
随你东南西北风，不会停歇一直摇。
天天忙着做功课，难得今日哈哈笑。

（指导老师：周亚兰）

9　钓龙虾

石泓宇

游戏准备：竹竿、细线、蛤蟆肉、纱网、桶
游戏地点：河边

游戏过程

首先，我们在竹竿上用线绑一块龙虾最爱吃的蛤蟆肉，接着把它扔到水中，慢慢等待龙虾上钩。

我目不转睛地盯着河里的诱饵，生怕龙虾吃完肉跑了。等了一会，终于看到有一只龙虾慢慢靠近了，这时我连呼吸都不敢大声，生怕它跑掉。贪吃的龙虾用它的钳子钳住了肉，我把线慢慢往岸边拉，接着很快地用纱网从侧面把龙虾捞上来。看着网兜里的龙虾，我高兴得手舞足蹈。

小链接

龙虾原产于中、南美洲以及墨西哥北，原是牛蛙的动物性饲料。龙虾最肥的季节是5至7月份，这个时期龙虾的肉质变得饱满、鲜嫩，因此也是龙虾最好吃的季节。到9月份龙虾肉质会减少，就不太好吃了。

谜语一：上天从云，下界随虫。（打一动物名）
谜语二：色彩斑斓胸部大，血液淡蓝身硬挺。（打一海洋生物）

（指导老师：周亚兰）

10　玩泥巴

谢牧航

游戏准备：泥土、水桶、水、适当装饰
游戏地点：户外空旷平坦场地

游戏过程

嘿，小伙伴们，你们玩过泥巴吗？每天和我们密切接触的泥土，可是大自然给人类最好的馈赠哦！捏泥塑泥人，也是咱们国家一种非常具有特色的民间艺术。那乌黑乌黑的泥土，看着不起眼，但是在"泥人张"们的手中，就像一颗颗闪亮的黑宝石，他们一搓、一揉、一捏、一按，举手间就能捏出各种形态各异的作品，大闹天宫的孙悟空、憨态可掬的大熊猫、展翅飞舞的蝴蝶……这一切，对我来说，真是充满了魔力，看着真是太简单了，忍不住我也要来试一试！

那还等什么呢，开始行动起来吧！之前爸爸妈妈带我玩过一次，材料准备很简单，泥土里面倒入水混合就能和出泥巴来了。于是我找来一个小桶，带上我的工具小铲子，走，先去树下挖点泥土来！泥巴挖好了，就可以把水倒进土里了，用小铲子搅拌搅拌，烂泥巴就做出来了。

抓一把泥巴，手心搓一搓，就变成了一个小圆球；压一压，又变成了一块诱人的"巧克力"饼干；再揉一揉，还能变成一根长长的小蛇，真是太有趣了！如果给泥巴加上点装饰，会不会更好玩呢？于是我又开始找寻可以用来做装饰的材料，路边的小草变成最天然的装饰品，插入泥土中，看，像极了一块插上了蜡烛的生日蛋糕，我忍不住带回家送给妈妈一起分享！

小链接

19世纪中叶，泥塑艺术在中国流行起来，天津"泥人张"的泥人最为有名。

"泥人张"的创始人张明山，心灵手巧，富于想象。据说，当年他特别爱听戏，一有名角来津，他便会袖中藏着泥去听戏，一边听戏，一边观察台上演员的相貌和神态，并在袖中悄悄地创作。一出戏演完了，泥像也同时捏好了。他捏制出来的泥人个个形象逼真，一时传为佳话，因此得名"泥人张"。

"泥人张"一直流传到现在。而"泥人张"彩塑在艺术上继承了中国古代泥塑的优秀传统，并有所发展和创新，2006年入选国家级非物质文化遗产名录。

玩泥巴

先捏一只鸡，
再捏一只鸭，
捏只山羊咩咩叫，
捏只母鸡咕咕哒，

捏只小猴蹦蹦跳，
捏只青蛙呱呱叫，
捏个小孩就是我，
快快乐乐是一家。

（指导老师：周亚兰）

11　红薯藤项链

杨冒瑞

游戏准备： 红薯藤若干

游戏地点： 阴凉空旷的场地

游戏过程

提到红薯，在我的老家最常见了。你知道吗，它的根、茎、叶都是可以食用的，厉害吧！它不仅可以用来吃，而且还很好玩，红薯的藤可以做成项链、耳环、戒指，全套首饰。比比谁做得又细又密又好看，是一件非常有趣的事。

玩法非常简单，先从番薯地里挑一些粗一点的晶莹剔透的红薯藤带回家，坐在阴凉空旷的地方就可以加工制作啦！选一根中等粗细的红薯藤，将藤上的叶子除去，接下来就可以一节一节地用手指甲掐。掐一半留一半，掐的长度可以留长一点也可以留短一点，做一串挂在脖子上当项链，再做两串挂在耳朵上当耳环，最后再做一串圆的头饰放在头顶，留片叶子在上边，这样就可以成为传说中的童话公主了。有了这些首饰，我和伙伴们就可以扮演小剧场里的角色进行表演啦！

小链接

红薯是16世纪末传入我国的,首先传入广东和福建两省。红薯原产于南美的秘鲁、厄瓜多尔、墨西哥一带,随着各种文化交流往来,红薯被带到世界各地。

据清《金薯传习录》记载,万历二十一年(1593)我国福建长乐人陈振龙到现为菲律宾的吕宋岛经商,发现红薯不仅产量高,而且美味可口,便想要带回国种植。但当地有严格的禁止带出法令。于是陈振龙便和儿子陈经纶向当地百姓学习栽种方法,并将"薯芽"绞于缆绳之内秘密带回国内。后来,红薯便在中国被广泛种植。

小红薯

小红薯,爱淘气,
红薯地里捉迷藏。
脑袋钻进泥土里,
辫子拖在地面上。

(指导老师:周亚兰)

12　摸河蚌

刘锦凡

游戏准备：栓绳、耐摔的镂空篮子、小铁锹、水桶、小木棍
游戏地点：浅水河岸

游戏过程

初夏，雨后傍晚，奶奶笑眯眯地拎起她的工具，带着我到家附近的小河岸边开启"寻宝之旅"——摸河蚌。

奶奶对摸河蚌颇有经验，她站在小河岸边用力将镂空篮子向河底扔去，再通过拴在篮子上的绳子，慢慢地把篮子拉回来。"哇！"跟着篮子一起上来的还有几个一直深藏在河底的宝藏——大河蚌。奶奶说大河蚌的蚌壳里有可能还住着漂亮的珍珠姑娘呢，接着给我讲了一个珍珠姑娘的传说。一心想遇到珍珠姑娘的我，光着脚丫，在河岸边一通疯跑，一个河蚌都没看到。奶奶拉着我的手，耐心地教我放慢脚步，先用脚在河岸边的淤泥里搜寻一番，如果脚下碰到硬的、表面光滑的东西，就用小铁锹或者小木棍把淤泥翻一翻，这样造访河蚌老家的"中奖率"会更高一些的哦！

夜幕来临，回家的路上，我跟奶奶拎着满满一桶的河蚌。初夏的晚风吹拂过脸庞，我心里一边想着美丽善良的珍珠姑娘，一边又想着美味的煮河蚌，竟然一股"愁云"笼上心头！

231

小链接

河蚌

栖身淤泥不合污,壳坚体柔育珍珠。
常与河水共翩跹,化作佳肴拌豆腐。

（指导老师：周亚兰）

13 抓"螺"

张绍征

游戏准备： 大小差不多的小石子、蚕豆或者沙包若干

游戏地点： 空的桌面或者操场地面

游戏目标： 通过抓"螺"游戏训练小朋友手眼的协调性，培养小朋友手部动作的敏捷性

游戏过程

把若干"螺"撒在桌面上，拿起1只"螺"向上抛起后，迅速用同一只手抓起桌面上的其他"螺"，一次可以抓1～3个或者更多，直至抓完为止。抓住后翻转手腕去接空中的"螺"，没有抓到桌上的"螺"或者未能接住抛到空中的"螺"都为失败。小朋友们一起游戏，玩过一轮后，以每人抓到的"螺"的多少定胜负。

为了增加游戏的趣味性，边抓"螺"的时候还可以边"生蛋"呢。就是每抓起桌面上的1只小"螺"的同时，再将手中的1只丢在桌面上，抓1只丢1只，这样就好像鹅妈妈生蛋一样！

闲螺游戏

润泽儿童诗意人生 >>

小链接

抓"螺"游戏起源于现实生活中的捡螺,经常听妈妈讲姥姥河边捡螺的故事,这次也终于有机会看到姥姥在自家屋后小河边捡螺的场景,着实让我兴奋不已。把小石子、蚕豆、小沙包等物撒在桌面上,就像爬在小河边的田螺。而游戏中"抓螺"这个动作就是人们捡螺动作的演变,"抓螺"因此而得名。

小螺蛳

小螺蛳,真可笑,
造房子,不用脑,
前门造得圆又大,
后门造得尖又小。
自己想想难为情,
见人就把门关牢。

(指导老师:周亚兰)

14　挖竹笋

解馨惠

游戏准备：1把铁镐、1个装竹笋的袋子
游戏地点：竹林里

游戏过程

清明过后，奶奶家旁边的竹林里又多了好多竹笋。它们就像出壳的小鸡一样探出了鹅黄色的小脑袋，一个个高高地竖着，像小宝塔。今天就让我们来比赛挖竹笋吧！瞧，我已经挖到两根又鲜又嫩的竹笋啦！

小链接

咏春笋

（唐）杜甫

无数春笋满林生，
柴门密掩断行人。
会须上番看成竹，
客至从嗔不出迎。

（指导老师：周亚兰）

15　找鸟巢

陈子奕

游戏准备：学会爬树

游戏地点：树林里

游戏过程

春天来啦！让我们一起去亲近一下大自然的美吧，一起去找鸟巢！

哈哈，这也是我秘密基地的秘密哦，小鸟建筑师筑的鸟巢就在这里。运气好的话，还能在鸟巢里看到小小的鸟蛋和刚出生的小鸟宝宝呢。想到这里，我的脚步轻快得像小鸟一样飞向小树林去。

绿树成荫的小树林成为了鸟儿的天堂，远远地便听见鸟儿们快乐地歌唱。抬头望去，一棵棵树枝丫中好多一团黑色的绒球。走近一看，嘿，这就是鸟儿们的家了！我飞奔到那棵常爬的树下，这棵树微微倾斜不是很高，枝杈也很多，非常适合攀爬。我顺着树根缓慢地向树枝爬去，一步步踏稳地接近鸟巢，近了，近了，鸟巢里会不会有小鸟宝宝在睡觉呢？它会不会被我吓走啊？我紧张得都不敢呼吸。

终于，我来到了鸟巢边，这个鸟巢是草、枝构成的，枯枝是骨，枯草是墙，密不透风，外形圆圆的，像极了1只小碗。碗上面是敞

第三章 嬉戏在大自然中

开的，小鸟妈妈不在家，只留下3只淡绿色的小鸟蛋。哦，太可爱了，可是，它们会不会被雨淋到呢？外面刮着风，它们不会嫌冷吧？我摘下两片树叶轻轻盖上，依依不舍地离开了它们。

抬头看着苍天大树，鸟儿们在树枝间快乐歌唱，哦，好美的大自然，我爱这美好的鸟语花香！

小链接

国家体育场坐落于奥林匹克公园建筑群的中央位置，地势略微隆起。它就像一只巨大的容器，它的形状就是根据小鸟筑巢的特点而设计的。

（指导老师：周亚兰）

16　打"螺"　高泽权

游戏准备：1个篮子、1根长绳

游戏地点：小池塘

游戏过程

在一个万里无云的下午，我和爷爷准备去池塘打螺蛳。爷爷先把绳子弄一个圈绑在我手上，绳子收到左手上，右手拿篮子，然后抛出右手的篮子到池塘里，再慢慢地拉回篮子，一筐螺蛳就被打上来了。我和爷爷在池塘里清洗一下螺蛳身上的泥巴就可以把它们带回家了。

（指导老师：周亚兰）

17　抓知了　　　　黄费扬

游戏准备：长棒、网兜、铅丝
游戏地点：路边树木、田野、公园树林

游戏过程

把网兜口套上铅丝做成一个圆形，然后把圆网绑在长棒的一头，绑结实，这样一个提知了的工具就完成了。

接下来，仔细去聆听外面知了的叫声，循声找到知了的KTV场所。把网兜轻轻地靠近知了的后面，趁着知了发呆的时候，使劲一套，就抓到知了了。

小链接

蝉

（唐）虞世南

垂緌饮清露，流响出疏桐。
居高声自远，非是藉秋风。

（指导老师：周亚兰）

18　抓知了

钱一桐

游戏准备： 网、筐

游戏地点： 苗圃

游戏过程

夏天是个爱捣鬼的小子，他一生气就在太阳下加柴火，火辣辣的太阳像火球照着大地。树上的知了，像一个个歌唱家，叫个不停。我决定去见一见这位歌唱家……

这天晚饭过后，夜幕降临，我怀着激动的心情，来到一棵茂盛的柳树下，小心翼翼地往上爬。这时，一只知了从我的眼前飞过，吓得我差点就要从树上摔下来。我不停地鼓励自己，此时的我，屏住呼吸，双眼紧盯着知了，等待时机。又过了一会儿，叫声忽然停了，我按兵不动，以免打草惊蛇。仔细观察后，发现它好像睡着了，一动也不动，我一下子扑了过去，哈哈哈！终于抓到了一只！

夜渐渐深了，晚风带来了一丝丝凉意，我提着我的"战利品"凯旋而归。

小链接

所见

（清）袁枚

牧童骑黄牛，歌声振林樾。
意欲捕鸣蝉，忽然闭口立。

（指导老师：谢肖艳）

19　打水仗

乔孙杨

游戏准备：水枪、一次性雨衣
游戏地点：操场

游戏过程

夏天真热啊！我和几个好朋友穿上雨衣，各自拿着水枪，冲出家门，来到操场上打水仗。

太阳就像个大火球，热得让人无处躲藏。还好操场边有一排大树，像一把把绿油油的大伞，为我们遮挡烈日。

你打一枪在我身上，我打一枪在他脸上，这么一来二去，大家满头大汗。虽然很热，但是我们玩得酣畅淋漓。

最后我们用剩下的水，给路边的小花喝水，给小草洗澡。多么开心、有趣的一天啊！

小链接

小水枪

小水枪，真漂亮，身穿塑料花衣裳。
对着蓝天喷喷水，来给太阳冲个凉。

（指导老师：谢肖艳）

20　狗尾草扮猫

陈烨

游戏准备：6根狗尾草、胶带、剪刀

游戏地点：公园或路边

游戏过程

首先，把6根狗尾草拿出来，看看贴在腮帮子的什么地方合适，再剪下一小段胶带贴在3根狗尾草上，然后粘在自己觉得合适的腮帮子上。记住，一定要贴3根哟！还有3根，用同样的方式贴在另一边。小猫咪就来啦！

小链接

咪咪咪

咪，咪，咪，
咪，咪，咪，
哪里来的懒东西，
妈妈叫它洗个脸，
它把鼻子洗了洗。

（指导老师：谢肖艳）

21　斗蛐蛐

李传昊

游戏准备： 2只蛐蛐、2根马尾鬃草、1个蛐蛐罐

游戏地点： 任何场地

游戏过程

在蛐蛐罐中放一片塑料片，把蛐蛐放在两边，拿开塑料片。用马尾鬃草让蛐蛐向前战斗，结束后，失败者会跳出场地，胜利者会鸣叫。

小链接

斗蛐蛐主要发源于长江流域和黄河流域的中下游，始于唐朝，盛行于宋代，至今约有八九百年的漫长岁月。

自创儿歌：

小蛐蛐

小蛐蛐，蛐蛐叫，长长触须像天线。
一对翅膀飞上天，立定跳远属它行。
还是一位音乐家，草丛里开音乐会。
运动音乐样样行，谁见都要夸奖它。

（指导老师：谢肖艳）

22　钓"骆驼"　　　　何思涵

游戏准备：羊胡子草或者搓好的草叶或者竹叶芯

游戏地点：有小洞洞的泥土地

游戏过程

每年4到6月份，天气转暖的时候，就是钓"骆驼"（一种叫"虎甲"的昆虫的幼虫）的最佳时机。周末，天气晴朗、万里无云，我和爸爸在户外的空地上玩起了有趣的钓"骆驼"。我们需要寻找到有许多小洞洞的平坦的泥地，我们找了很多地方，终于在一小簇竹林旁的空地上发现了不少"骆驼"洞。我们就地取材，摘了新鲜的竹叶芯。万事俱备，我们开始大行动啦！

我先眯着眼睛看看洞里有没有小虫子，我一连看了好几个都没有，好不容易在一个小洞洞里似乎发现了"骆驼"！不管怎样，我先试一试。我把新鲜的竹叶芯沿着洞口小心翼翼地"送"进去，竹叶芯纹丝不动。

我用上了老爸教给我的魔语，我边拍手边说："骆驼骆驼上锅台，给你爹妈开门来！"哎呀，没有效果，我自己创编一个："骆驼骆驼快上来，我们一起玩耍来！"

第三章　嬉戏在大自然中

我又加上了跺脚，还用美食吸引"骆驼"。

功夫不负有心人，终于在我的百般诱骗之下，一只可爱的"骆驼"被我钓出来了！

"钓骆驼"好玩吗？喜欢的话，就和我一起来玩耍吧！

小链接

儿歌（一）

骆驼骆驼上锅台，
给你爹妈开门来！

儿歌（二）

骆驼骆驼快上来，
我们一起玩耍来！

（指导老师：谢肖艳）

245

23 小麦口哨

邓雨涵

游戏准备：1 根小麦秆
游戏地点：麦田

游戏过程

春天悄悄来临，天空格外的蓝，阳光格外的明媚，风格外的温和。我走在麦田边，放眼望去，嫩绿嫩绿的麦苗儿绿得可爱，惹得我情不自禁地拔起一根麦穗。

我从麦穗根部折下一段麦秆儿，把麦秆儿的一头轻轻地捏扁，放在嘴里，使出九牛二虎之力，终于吹出了清脆的声音。这时，我仿佛看到了一串串音符在我头顶上转圈圈，那声音一会儿高、一会儿低，连成了一首美妙的交响曲。

小链接

观刈麦（节选）

（唐）白居易

田家少闲月，五月人倍忙。
夜来南风起，小麦覆陇黄。

（指导老师：谢肖艳）

24　对话四季

张梓熙

游戏一：找"耳朵"

游戏准备：穿上漂亮的裙子、睁大眼睛　　**游戏地点**：蚕豆田

游戏过程

春天是一个播种的季节，到处充满了生机。我喜欢春天，因为它给我们带来了许多乐趣，比如我最喜欢找的"耳朵"，它像调皮的小姑娘，东躲西藏，每次要费好大的劲儿才能找到它，然后小心翼翼地把它们放在篮子里，我就哼着小曲回家了。

游戏二：星光舞会

游戏准备：小板凳、扇子　　**游戏地点**：院子里

游戏过程

夏天像个热情的小伙子，把我"烤"得满头大汗。我最喜欢夏天的夜晚，凉风习习，我和妈妈搬张小板凳，拿着扇子在院子里乘凉，青蛙和知了正卖力地演奏着美妙的乐曲。这时候，我看到不远处有几个闪闪发光的小点，那就是我最喜欢的萤火虫了！它们正忙着给大伙照亮舞台呢！看到这儿，我便走过去给它们伴起了舞，跳啊，转啊……

闲暇游戏

润泽儿童诗意人生 >>

游戏三：贴叶子

游戏准备： 银杏树叶、剪刀、胶水、笔　　　**游戏地点：** 客厅的茶几上

游戏过程

秋天是一个收获的季节，奶奶的菜园里，一片火红火红的辣椒，特别耀眼。院子里，银杏树的叶子金灿灿的，铺满了小路。我捡起几片叶子，拿回家做树叶贴画吧。不一会儿，一条栩栩如生的小金鱼便做好了，再给它画上大大的眼睛，大功告成了！

游戏四：打雪仗

游戏准备： 帽子、围巾、手套、雪　　　**游戏地点：** 院子里

游戏过程

冬天是一个美丽的季节，白色代表着冬天。雪花一片一片落下，美极了！院子里，我和爸爸裹得像个"粽子"，打起了雪仗，爸爸被我打得落荒而逃，好笑极了！雪地里一片狼藉，留下了我们快乐的足迹。

（指导老师：谢肖艳）

25　快乐"踩水花"

时杨洋

游戏准备： 雨靴、雨伞
游戏地点： 小区广场

游戏过程

夏日的午后，刚下过一场大雨，广场上的低洼处就有了许多水坑。于是，我和小伙伴们穿上雨靴，带着雨伞，到广场上的小水塘中玩耍。

雨越下越大，我和小伙伴们撑着雨伞在广场上你追我赶，互相踩溅着水花。一个"浪花"溅到身上，雨水便从衣服领口淋到裤脚，大家都变成了落汤鸡。

奔跑中，不论谁遇到大大小小的水坑，都用脚狠狠地往上踩，或者双脚跳进水坑中，比比谁踩的水花溅得大、高。顿时水花四溅，胸口、脸上都是泥水。

小伙伴还用雨伞遮挡溅起的水花，只听水花喷溅在雨伞上发出劈里啪啦的响声，大伙们也个个都用雨伞遮挡着袭来的水花。

小链接

踩水花儿歌

小雨，小雨，沙沙沙，沙沙沙，
地上地上像水娃，像水娃，
么么么，踩水花，踩水花，噗嗒，噗嗒，溅起水花花。

（指导老师：缪芳）

26 "我"在春天里

李兆希

游戏准备： 剪纸或是手绘卡通人物

游戏地点： 草地上、花朵旁、蓝天下

游戏过程

春暖花开，柳风拂面。

告别寒冷的冬天后，我们的内心早已蠢蠢欲动，想要赶紧到户外踏青玩游戏呢！

首先，找一片草地或一个花园；然后，将准备好的"人物"放置于所找到的地方；最后，与大自然的美丽风景合一张影，作为纪念。

此时，那些小小的主人公仿佛正在度过他们的完美假期，快乐地享受着春天里明媚的阳光和娇艳的花花世界。

小小人，扑草地，花世界，春天里。

第三章 嬉戏在大自然中

小链接

春天在哪里

春天在哪里？春天在枝头上：
春天的风微微吹动，
柳条儿跳舞，桃花儿脸红。

春天在哪里？春天在田野里：
春天的太阳那么暖，那么亮，
麦苗儿青，菜花儿黄，蚕豆花儿香。

（指导老师：缪芳）

27 寻找"蚕豆耳朵"

范雨涵

游戏准备： 蚕豆

游戏地点： 家里的蚕豆地

游戏过程

春天的乡下，景色秀丽，我和弟弟一起来到蚕豆地，寻找蚕豆耳朵，蚕豆有耳朵吗？

一般的植物是没有耳朵的，可蚕豆却有夸张的"耳朵"。蚕豆耳朵像一只漏斗，但它不漏，下面有一根细细的柄连着，细细的柄黏在蚕豆粗大的茎上，躲在蚕豆叶底下，像一只聆听自然界美妙乐声的耳朵，所以我们叫它"蚕豆耳朵"。蚕豆耳朵和蚕豆叶都是绿色的，因此比较难发现，找到它有点难度。

小链接

蚕豆

方茎翠叶舞蝶衣，白瓣黑心少人理。
绿门深锁荚紧闭，圆润温婉面凝脂。
纤手除裳盘里依，蒸煮烹炸皆相宜。
劝君多食趁当季，养胃补脾功神奇。

（指导老师：缪芳）

28　让蝴蝶跳舞的魔法

蒋安琪

游戏准备：1 根芦苇棒（去叶）、白纸 1 张、剪刀、铅笔

游戏地点：油菜花田

游戏时间：春天 3 月

游戏过程

先用铅笔在白纸上画出一只蝴蝶（和真蝴蝶最好一样大）。

再用剪刀剪下蝴蝶，在蝴蝶身上剪出一个很小的口子。

接着把芦苇棒的细尾从蝴蝶身上的小口处串进去，打上一个小结。

最后用一只手持芦苇棒到油菜花那边的蝴蝶面前，抖动芦苇棒，蝴蝶们像被施了**魔法**一样，很快会被吸引，然后你就可以像拥有小魔仙手里的魔法棒一样指挥蝴蝶跳舞了，你也可以拿着芦苇棒小跑，指挥一排排蝴蝶像士兵一样跟着你跳舞，这样既有趣好玩，还可以锻炼我们的身体（如果蝴蝶发现被骗，飞走了，你可以再次把芦苇棒放到蝴蝶面前，重复操作）。

小链接

芦苇棒，挂纸蝶，

小魔仙，施魔法，

蝶儿追，舞姿美，笑开颜。

（指导老师：缪芳）

29　玉米须理发师

王诗湉

游戏准备：玉米、剪刀、发夹、一双灵巧的手
游戏地点：玉米地、家里

游戏过程

到了收玉米的季节，我偷偷从家里拿了剪刀、发夹、头绳，跟着爷爷奶奶一起来到了玉米地。我从奶奶的玉米篮子里拿了几根玉米出来。我给他们设计什么发型呢？我先给其中一根玉米扎了一个跟我一样的马尾辫，并带上了可爱的发夹。又给另外一根玉米梳了一个长发飘飘的公主头，像极了妹妹。接下来用剪刀把其中一根玉米的玉米须剪成了二寸平顶头，就跟爸爸的发型一样了。接着把最后一根玉米的玉米须揉成了一团一团的，特别像妈妈刚睡醒时的爆炸头。

把这四根理好发的玉米放在一起，似乎成了我们一家四口。

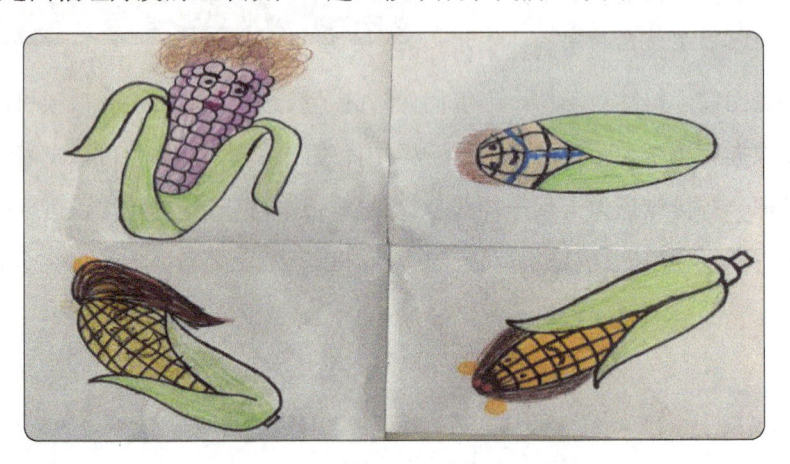

小链接

　　橙黄粒粒满，香糯〇〇甜；
　　夏种秋收获，沃土结硕果。

（指导老师：缪芳）

30　打水漂儿

陶雨辰

游戏准备：小石子

游戏地点：小河边

游戏过程

打水漂

谁打得远？谁打得巧？

"噗噗噗"——

水面上飞起一串音符；

"刷刷刷"——

水面上惊起一群水鸟。

小河笑了，跳起了舞蹈，

卷着云朵，

抱着太阳，

音符、小鸟来自我们心头，

我们心头，有一个盛满欢乐的小巢……

小链接

文字就像一幅幅生动形象的画面呈现在眼前，让我回到幼时年代，感慨良多，希望孩子能始终保持一颗童心，积极乐观进取。

（指导老师：张爱华）

31　课间爬树

陈曦

游戏准备：挑选一些成年树，不选幼苗树
游戏地点：细雨后的树林

游戏过程

细雨后的树林里，一群活泼、可爱、顽皮的孩子正争先恐后地爬树！那滑稽憨憨的样子令人捧腹大笑。

"加油，加油！"一片呐喊中，一位迈着阔步的胖同学来到我们熟悉的那棵树旁，有模有样地爬了起来。他可是我们班的"胖同学"，两条腿吃力地缠住树干，手也抱着树干，不知道是他太胖还是树干太滑，总之他爬了一段后，突然滑了下来，如同"陨石坠落"，屁股一下子落在了地上。

一位高个子的女生来到树下，仔细打量着光滑的树皮，一蹬脚便使劲趴在树上了。她两只脚用力地往上蹬，手像猫科动物一样抱住树干，用手吊在梧桐树的树杈上，还想往上爬，却顺着树干滑了下来。

到我啦！我一个箭步冲到树下，两条腿立刻夹紧树干，手也紧紧地抱住树干，却不知下一步该干什么了，管它呢！我拼命往上挪着脚步，折腾了好几下，只上升一点点，却很快滑了下来。最终我还是无奈地滑了下来。

上课铃响了,我们迅速回到了教室,但树林里依然回荡着我们的欢声笑语。许多时日过后,我们爬树时那笨拙的身影,似乎还流连在梧桐树下。

小链接

小猫爬树

无尘

小猫小猫爬得高,
一爬爬上大树梢,
找到一个圆月亮,
伸出爪子挠一挠。

(指导老师:张爱华)

| 32 | 芦苇口哨 | 朱陈辰 |

游戏准备：镰刀、芦苇

游戏地点：老屋西边的水塘边

游戏过程

下原老家西边小池塘边长满了芦苇，今年五月我和爸爸妈妈去下原老家的时候，芦苇已经长得很高了。芦苇一丛丛，枝叶一片片，密密地互相挨挤着，将水塘从南到北连成一片，真似"接天莲叶无穷碧"一般。

我们到池塘边找大小合适的叶片做芦苇口哨。爸爸告诉我："奶奶包粽子就是用的这种叶子，端午节前个把月，总有人来打叶子，奶奶就和人家说别打太多，等我儿子和孙女回来我要包粽子给他们吃。"我和爸爸都喜欢吃粽子，奶奶和人家说这话其实也是不好意思的，可是为了儿子和孙女也是没有办法的。

爸爸把叶片卷成扁平的样子，口小尾巴大，然后放到嘴边吹，他很自信，说他们小时候成天就是在外面玩，上学和放学，成群结队，什么都可以玩，什么都吹得响，蚕豆叶子、小麦叶子、芦苇叶子、青竹管……

爸爸鼓起腮帮子吹，可是并没有响，他又用力吹，可芦苇口哨就像一个闭口的娃娃，故意让爸爸出丑。我学着爸爸的样子也做了一个口哨，将

它放到嘴边，鼓起腮帮子，用力一吹，"呜——"，声音从口哨的尾巴发出来。随着我吹的力气时大时小，口哨发出不同的声音，我高兴得手舞足蹈。爸爸调整了他的口哨，也能吹出悠长的声音了。

我们两个人吹啊吹啊，吹得妈妈听得嫌烦了。这悠长的并不那么好听的口哨声吹出了乡村青天绿水的景色，吹走了我的烦恼！

小链接

风雨晚泊
（唐）白居易

苦竹林边芦荻丛，停舟一望思无穷。
青苔扑地连春雨，白浪掀天尽日风。
忽忽百年行欲半，茫茫万事坐成空。
此生飘荡何时定，一缕鸿毛天地中。

（指导老师：张爱华）

33 抓"螺"

陈禹涵

游戏准备：蚕豆、锥子、针、线

游戏地点：空桌子

游戏过程

1. 用锥子在蚕豆中间戳一个小洞，注意不能太用力，蚕豆很容易碎。

2. 穿针引线，这可是个大工程呢，线像调皮的孩子跑来跑去不听使唤，小朋友们一定要有耐心，心急吃不了热豆腐。

3. 将针线穿入小洞中，把蚕豆连成一串一串的"螺"，这样就大功告成啦！

抓"螺"的游戏开始啦，先把准备好的"螺"均匀地撒在桌子上，拿起其中的一串"螺"，轻轻地向上抛出，在抛出去的同时，迅速从桌上抓起一串"螺"，抓住后翻转手腕，掌心朝上，赶紧去接空中的"螺"。要记住只能用一只手接住"螺"哦，如果没有抓到桌上的"螺"或没有接住空中的"螺"都表示失败，玩的时候可以比一比谁抓的"螺"更多。想要成功抓到"螺"也不是一件容易的事，小朋友们一定要坚持不懈，不能半途而废哦！

小链接

蚕豆花香图

（清）汪士慎

蚕豆花开映女桑，方茎碧叶吐芬芳。
田间野粉无人爱，不逐东风杂众香。

（指导老师：蔡小燕）

第2节 嬉耕园的故事

> 嬉耕园，是学校东北角的一块学生劳动实践基地。不大的地被划为四块，面对全校八十二个班级招标，最终承包给了四个班级。取名"嬉耕园"，意在用嬉乐的游戏精神去耕种。在这样的理念观照下，普通的园子呈现出孩童的缤纷视角，不同于平常的种植园——学生在家长的指导下，筑篱笆、铺小路、搭风车通道、建小兔窝、养小鱼、培植轮胎花坛……美丽的园子，生长出童心里的奇思妙想，也生长出了许多故事。
>
> 一起走走，去"小蜜蜂园地""青青园""东篱轩""半亩芳园"，看看老师和孩子们小日记里留下的故事……

小蜜蜂园地

园名注解：

在这片绿意盎然的园地，小蜜蜂们在希望中摸索，在忙碌中成长，在汗水中收获。小蜜蜂飞过的地方，留下的是芳香和甜蜜……

——一（4）班

童言童语话园地
一（4）班

我们班领到了一块地，我们叫它"小蜜蜂园地"。经过家长志愿者的努力，田里杂乱的树苗没了，竹根被挖掉了，土地被整平了，还铺上了小道，你随时可

以过来欣赏我们的植物哦！我们每天兴高采烈地去给番茄苗、黄瓜苗、茄子苗、葫芦苗浇水，期待着早日结出果实。到时候，我们要举行一个蔬菜派对，大家一起来参加吧！

（薛李钦）

今天，我们去探望了小蜜蜂园地。西边一块，刚耕种的花生已经冲破泥土，发芽了。你看，圆溜溜的花生叶子翠绿翠绿的，好像在向我们招手。土地很干燥，我们很想让它们喝足水。可是呢，老师说，花生是耐旱的植物，不能太惯着。我们只好耐心等待，心中无比心疼我们的花生苗苗。花生，花生，你快快长大吧！

（周晨希）

操场旁，有个园地叫"小蜜蜂园地"，那里有好多好多只"小蜜蜂"，他们在园地里飞来飞去，忙着浇水、施肥、捉虫子。几个月后，这些小幼苗长出了小小的花生，结出了紫油油的茄子、大大的南瓜。小蜜蜂们期盼着早日可以进行剥花生比赛，亲力亲为炸茄盒，制作南瓜灯……想想，真希望时间的脚步跑得快些，再快些啊！

（孙珑毓）

今天放学后，爸爸带着我去"小蜜蜂园地"翻红薯地。爸爸用的大铲子，我用的小锹。爸爸先教我给地松土，然后再领着我，把泥土堆成一垄一垄，最后，用铲子背面轻轻地把垄子磨平。经过几次调整，垄子像标兵的队伍一样整齐。天黑了，我累极了，倚靠着爸爸往回走。貌不惊人的爸爸、严厉的爸爸、做事认真的爸爸，在空旷的操场上，变得高大、慈祥。

（熊宗柳）

我和小蜜蜂园地一起成长，我很开心。我给小蜜蜂园地许了个愿望，就是希望它快点结出美丽的果实。

（毛沐轩）

你听，操场北面传来欢声笑语。大人们有的拿着卷尺仔细地量着，有的拿着锤子"叮叮"地敲着，有的推着石子小车飞快地跑着……孩子们拎着水桶小心地浇着幼苗，或是坐在地上组装风车，或是徒手卖力地拔草……大家这是在干啥呢？原来呀，大家正在打造梦想中的"小蜜蜂农田"。农田的中间，将会镶两排红砖，铺设一条石子走道，上面搭设一排风车拱门。一阵风吹来，彩色的小风车呼呼地转着，好像对同学们说："快到小蜜蜂园地看看，幼苗又长高了。"

（黄浩宇）

园地三景

曹淋淋

风车走道

春天的时候，孩子们在园地的西边播下了花生种，中间种了红薯，东边栽了茄子、玉米。孩子们对自己的田地充满了期待。嗯，这东一块，西一块的，确实像模像样的。但是，总感觉缺了点什么。孩子们说，中间缺个走道，浇水不方便。

那造什么样的呢？孩子们七嘴八舌地讨论开来。有的孩子说，一定要有幸福的拱门；有的孩子说，拱门上可以牵瓜藤；还有的孩子说，我看到过的风车走廊最美了……说干就干，亲子合作、家校合作干起来。你买材料，我铺路；你串风车，我搭棚；你移瓜藤，我浇水。这儿量量，那儿算算，两天的时间，一条靓丽的风车走道搭成了。孩子们在走道里跑啊跳啊，远处不时投来羡慕的目光。风儿吹来，五颜六色的小风车们转啊转啊，沙沙地说着悄悄话。孩子们更爱往园地跑了，争着抢着要来给小植物们浇水。

这儿，成了他们的童话世界，成了全校孩子的打卡地。

兔子窝

一天课间，熊宗柳高兴地对我说："老师，我家兔子快满月了，送两只给您吧！""兔子大家都喜欢，养在哪儿呢？对了，到小蜜蜂园地给它们安家吧。这样，更多的孩子能认识小兔子，和它们做朋友了。而且，花生地里种了青菜，它们不愁吃了。"

园地改造多下来的砖头，被心灵手巧的熊宗柳爸爸搭成了兔子窝的墙。冒皓月爷爷用家里的木头，造了兔子窝顶。孩子们要彩虹兔子窝，鲁纪妍妈妈为兔子顶喷上了彩色。你瞧，两只小家伙待在里面，不用担心风吹日晒了。

早晨，金色的阳光洒在了兔子窝上、风车走道上、田地里，到处喜洋洋。拔菜组忙着给兔子准备食物，清扫组为兔子清理小窝，记录组记录兔子的成长变化……我们举行了写话比赛，比一比，谁写的小兔子最传神。因为它们的到来，小蜜蜂园地多了期盼，孩子的校园生活多了无穷的乐趣。

找"风"

"解落三秋叶，能开二月花。"孩子们摇头晃脑地背着唐代李峤的古诗。我笑眯眯地问大家："风，是个看不见摸不着的家伙，你们能找到风吗？"同学们你看看我，我看看你，不知道怎么去找到这个神秘的家伙。于是，我领着他们到园子里找"风"。

同学们仔细地观察，惊喜地发现，原来它在转动的风车上，在摇曳的竹叶上，在点头的玉米叶上……同学们找到了地里的风，又找了很多关于风的诗歌，还创作了园地诗歌"风"，又忙着编排了"风"的小舞蹈。美术课上，马老师带着他们画"风"。同学们张开想象的翅膀，调皮的风穿上了各式五彩的衣服，跃然纸上。同学们又忙着办画展。

有客人老师来考察，同学们以园地为舞台，献出了自导自演的"风之舞"。他们的童真与美好，迎来了啧啧称赞。

青青园

园名注解：

其名出自《长歌行》"青青园中葵，朝露待日晞"。这是一片希望的园地，晶莹的朝露在阳光下闪烁。学习如耕种，有付出才有收获。

——二（9）班

欢迎你到青青园中来

陆君雅

青青园中葵，朝露待日晞。

若你踏着晨露来到青青园，就会发现本来贫瘠的土地在师生家长的耕种下变得如此"热闹非凡"：中间是一条由孩子们亲手铺成的石子路，路边的田垄上插着植物牌，各色农作物一目了然。道旁有五颜六色的太阳花点缀，路的尽头是喷好彩漆的轮胎，里面种有娇艳欲滴的杜鹃和牡丹，共同形成了一条"开满鲜花的小路"。过了一段时间，撒下的种子都争先恐后地探出了小脑袋。辣椒幼苗最争气，率先结出几个青红色的"小灯笼"来。发现时孩子们欢喜极了，把脑袋凑在一起，撅着屁股趴在那儿，七嘴八舌地讨论着它们的生长状态。甚至有孩子以它为主角写了一篇有趣的童话故事。

园里更有稻草人、祝福卡片、晴天娃娃点缀在作物间，相得益彰，好不热闹。

265

闲暇游戏

润泽儿童诗意人生 >>

风从园里经过，伴着小葱一茬茬地长高，托着瓜藤一点点地往藤架上窜，晃得风铃声声作响；蝴蝶从园里飞过，带来花苞攒着劲儿开出更鲜艳的花瓣，结出更饱满的瓜果……半学期过去，孩子们把打理园地过程中所学到的各种知识带入了课堂精彩的回答中，也一次次在阅读后去园地里验证所学的知识。

六月，孩子们迎来了一次"特殊"的绘本阅读课，绘本的主角是一只和同学们年纪相仿的蚯蚓小男孩，他也要去大自然这所学校里学习本领。为什么要去了解小蚯蚓呢？是因为在耕种过程中，调皮的孩子时常把捉到的蚯蚓拔出土地搞"恶作剧"。通读绘本过后，在科学老师的帮助和指导下，孩子们来到了田间四散开来寻找和观察蚯蚓。"原来蚯蚓的皮肤滑滑凉凉的，而且它还没有骨骼啊！"蒋同学把从花生苗下找来的蚯蚓放在了田间临时设立的观察台上进行观察，"呼啦"一声周围便都是拿着放大镜、踮起脚尖探头看的孩子们。

"蚯蚓就是靠皮肤呼吸的，如果长时间在太阳底下就会死亡。"听了被称为"小百科"的孙同学的补充介绍，小周惭愧而又真诚地说："我以后再也不会把拔出来的蚯蚓扔在过道里了，那也是一条生命。"孩子们通过比较，了解了绘本上"拖肥"一词，实际就是利用蚯蚓的生活习性，制造出适合植物生长养料的过程。绘本里一些不理解的地方，也在孩子们自身实践中

得到了解决，满足的笑容绽放在一张张渴求知识的小脸上，同样收获满满的我也感到由衷的幸福与骄傲。

观察结束后，不少孩子都戴着手套轻轻地把捉来的蚯蚓放在了植物叶子下面。"再见啦，朋友！"孩子们嘻嘻哈哈地同放归自然的"小伙伴"们告别，直到放学，都还在讨论今天的所见所闻。

如果有机会，欢迎大家来青青园中看一看，这里处处有宝藏、时时有收获。育人四季，"嬉耕"在园。春耕、夏管、秋收、冬藏，四季轮回，播撒希望的种子、肩扛沉甸甸的责任。相信孩子们采摘的不仅是丰硕的果实，精神的收获定是更加"甜美"的。

东篱轩

园名注解：

东篱下，阡陌上，操场一隅。赏白云，听鸟鸣。种菜，种豆，种希望；品景，品味，品人生。

——三（5）班

"东篱轩"的舞会

朱成果

晴朗的夜空中，月亮像一位害羞的姑娘，用云雾遮住了美丽的脸庞，小星星顽皮地眨着眼睛，似乎在期待着什么。

此时的"东篱轩"在月亮和星星璀璨的照耀下，已经热闹非凡，一场盛大的音乐舞会即将拉开帷幕。主持人稻草人小姐身穿大红色裙子，头戴斗笠，手握一根指挥棒，来到舞台中央："东篱轩舞会正式开始！"

　　蔬菜先生们个个风度翩翩，蔬菜小姐们也是楚楚动人。首先映入眼帘的是茄子先生，它们穿着别具一格的紫色西服，拉起了生菜妹妹，跳起了优美的华尔兹，它们跳得像美丽的蝴蝶飞舞着，像婀娜多姿的柳枝扭动着，美得让人陶醉。这时，朝天椒大哥瘦而长的身姿吸引了香瓜姐姐的目光，双双手拉手进入了舞池。夏洛放下了手中的网，也按耐不住地入了场。此时此刻小斗鱼兰兰，也毫不示弱，在水中畅游起来，时不时吐出了一连串珍珠似的泡泡。葫芦娃和花生宝宝们唱起了欢快的歌曲："如果感到幸福，你就拍拍手……"

　　舞会在大家的欢声笑语中接近尾声，媚红儿提议要选出今天的舞王，大家争先恐后地议论着。这时，稻草人小姐说："我觉得小斗鱼兰兰的舞姿最美，她柔韧性最好，在水中来去自如，我投她一票。"大家都赞同了稻草人的说法。

　　在热烈的掌声中，舞会结束了。"东篱轩"的每一位朋友都开心地笑了。

（指导老师：缪芳）

媚红儿的梦想

徐可欣

　　星星在黑暗的夜空中眨着眼，月亮挂在空中，闪烁着光芒，照亮了万物。在寂静的东篱轩里，小蜘蛛夏洛打破了宁静："你们有梦想吗？"

　　"有哇，我想拥有大娃巨大无比的力量！"四娃答道。

　　"有，我小斗鱼的梦想最独特了，是插上翅膀，飞往各地，游遍中国！"

　　"哎！你们的梦想都不如我的伟大，我的梦想是成为鸟中最美者！"生菜妹妹幻想着。

　　只有媚红儿说："我想成为一个人。"这个答案让所有伙伴都感到惊奇，这不可能的。

可是媚红儿一直在想着，它变成了人之后，要做什么：首先，要尝尽人间的酸甜苦辣，战胜挫折，不被困难所打倒，做最好的自己！然后，去寻找快乐，帮着搀扶行动不便的老奶奶过马路，帮助车夫推车……帮助别人，自己也会快乐！快乐就在你的身边！最后，是拥有一个幸福的家，在爸爸妈妈的呵护下长大，去学校学习知识，当一回文人墨客……

星星眨着眼睛，月亮弯弯得像把刀，照亮了万物，想着想着，稻草人媚红儿进入了梦乡。

（指导老师：缪芳）

夏洛和小斗鱼

王洪宇

清晨，松针上一串串露珠明明亮亮，东篱轩里的香瓜姐姐、生菜妹妹探出脑袋伸了伸懒腰，挺挺身子开始了新的一天。

这时，蜘蛛夏洛从梦中醒来，看到网上满满的"早餐"，狼吞虎咽地吃了起来。它不时看看生活在灯泡里的小斗鱼，它正在那里等待着人们给它喂食，蜘蛛夏洛不禁撇了撇嘴，说："小斗鱼呀，你瞧瞧我，多自由啊，想吃就吃想睡就睡，而你呢？每天被关着，你不觉得自己很可笑吗？"小斗鱼听夏洛这么说心里也难过起来。

夜晚，风呼呼地吹着，把夏洛的网给吹破了。紧接着，雨哗哗地下着，香瓜姐姐、生菜妹妹……也快淹没了，连稻草人姑娘媚红儿、葫芦娃也被吹得东倒西歪，只有小斗鱼在灯泡里安然无恙地游着。蜘蛛夏洛哭着说："小斗鱼，我真羡慕你，虽然没有自由，但是很安全啊！"

"可怜的夏洛，你快爬到我这来。"小斗鱼伤心地说。夏洛紧抓住树干艰难地往上爬，终于夏洛和小斗鱼隔着一层玻璃紧紧地贴在了一起。

雨过天晴，夏洛在小斗鱼旁边重新建了一个网，它们成了形影不离的好朋友，东篱轩又恢复了往日的安静、祥和。

（指导老师：缪芳）

智取鱼食记

李珺祺

在操场的东北角，有一个东篱轩，里面住着机警的葫芦娃、热心肠的小蜘蛛夏洛、可爱的小斗鱼、善良的香瓜姐姐、勇敢的朝天椒哥哥，还有美丽的蝴蝶姐姐……

一天夜晚，群星闪烁，葫芦娃正在田间守卫，夏洛在网上忙着捕食。这时，突然传来了一丝微弱的声音："我好饿啊，谁能来救救我，给我一点吃的？"原来是小斗鱼，只见它有气无力地飘在水里！"我可以！"夏洛喊道。"你真的能帮我吗？"小斗鱼说道："当然！"夏洛充满信心地说。"这个任务可不容易呀，你得溜到教室去拿回鱼食并且不被发现。"香瓜姐姐担忧地说。"对呀！对呀！"朝天椒哥哥着急地喊道。"没事儿，我自有办法。"夏洛信心满满地应着。

说干就干，他甩开八条大长腿，用豹子一般的速度飞快地奔向教室，谁知门口正好有人在巡逻，这该怎么办呢？这当然难不倒夏洛，趁巡逻员转身的时候，他从墙壁上快速跃进教室，他找来找去，终于找到了鱼食。可怎么出去呢，巡逻员一直在教室门口转悠，怎么也等不到机会，夏洛急得团团转！这时候，蝴蝶姐姐飞了过来，说："就知道你找不到出去的方法，我来捎你一程吧！"于是，蝴蝶姐姐带着夏洛像一颗子弹一样冲了出去。

回到东篱轩，小斗鱼捧着鱼食美美地饱餐了一顿，他说道："谢谢你，夏洛，是你们救了我一命，以后我们可以成为好朋友吗？""当然可以！"小伙伴们开心地回答。

从此以后，这群小伙伴在东篱轩里过上了幸福快乐的生活，他们互帮互助，互相陪伴，一起快乐地成长！

（指导老师：缪芳）

半亩芳园

园名注解：

其名源于朱熹的《观书有感》："半亩方塘一鉴开，天光云影共徘徊。问渠那得清如许？为有源头活水来。"半亩大的园子，记录着耕作和收获，也见证着青苗般的孩子多彩的童年，人生增添一分芳香，提供源源不断的成长力量。

等一场雨

陈燕

园子开耕播种时，大家觉得这片地太贫瘠了，板结硬实，商量种些耐旱、好伺候的东西，首选红薯、芋头、花生、玉米类。

一晃眼，两周过去了，孩子们分组浇水、观察、记录，花生、玉米都已出芽，种植的青苗也都熬过了最初的适应期，精神抖擞起来。水桶用坏了两只，鞋子湿了无数次，仍乐此不疲。每天放学，从学校西南角的教室，绕道东北角的园子，看一看，再一路叽叽喳喳回家去。

这一周，家长们决定要给园子增加肥力，开养鸡场的家长提前加工了有机肥，整整20袋，每袋50斤。查看天气预报，周四高温，周五、周六下雨，施肥过后，正需要一场雨，简直天助"我"也。

冒着炎热，全副武装的"娘子军"，开着满载肥料的货车，悄无声息地卸货、施肥。这些妈妈们，在各自的工作岗位上是好手，干农活其实都是新手，"现学现卖"，许多事儿对她们来说也是第一次。

这个园子，不仅是孩子们的，也是家长们的。学校和家庭合作，一起做一件事情，种植也好，教育也好，真是一件非常美好的事情。

周四放学前，大家照例去园子里。园子里有些呛鼻的味道，孩子们仍然靠近细细观察花生、玉米的长势，顺手拔掉杂草，对覆盖在泥土上的厚厚一层肥料的作用表示怀疑，纷纷议论：有用吗？能让庄稼长得更快吗？要是不下雨，植物会不会被熏死啊？肥料会不会变成干儿了？男孩子豪气冲天："没事儿，我们还到井边打水浇。"女孩子们嫌弃地反问："要打多少水啊？这么多肥料要喝多少水，才能被土地吸收呢？"

大家无比盼望一场雨。

周五，早晨天气还有些闷，午后，刮起了风，孩子们不时看向窗外，我知道，他们在等雨。放学时，零星几滴落在脸上，个个喜形于色。下雨啦！下雨啦！

无端地，想起以前语文课本上的一首小诗：滴答，滴答，下雨了，下雨了。柳树说："下吧，下吧，我要长大。"小草说："下吧，下吧，我要变绿。"小青蛙说："下吧，下吧，我要

洗澡。"小熊猫说:"下吧,下吧,我要吃竹子。"小朋友说:"下吧,下吧,我要长大。"

我们什么时候这样关注天气了?下雨、阴晴,可以预报,提前知晓,偶尔了解,也是为了便于出行、穿衣,像这样无比期盼下一场雨,可以让农作物长得更好的心情,只有那些靠天吃饭的庄稼人最能理解吧!

因为这个园子,我们开始学习二十四节气,了解每个节气要做的事情,担心误了相应的农时。每天观察的孩子,园子里结了几个番茄、瓜蔓何时长出长须都一清二楚,他们围在一起,谈论每一种植物的变化时,分明是很有经验的农夫。他们丝毫不嫌弃有机肥的冲鼻味道,从来不抱怨浇水弄湿了鞋、弄脏了新衣,只心焦果子太少,长得太慢。

每一天,他们聚在园子边,对着幼苗指指点点,好像在说着什么了不得的事情,比如,这场雨有多么重要。

就在两周前,他们还是不管下雨还是天晴都不愁的孩子,转眼,就变成忧心忡忡操心天时的小农夫,关心粮食和蔬菜。我喜欢这样的孩子,学习书本知识的同时,也能够通达世事,心里有乾坤,眼里有四时。

我希望,这片园子给予孩子的,不仅是瓜果飘香的童年记忆,还有属于我们这个民族的田园、土地情结。一座园子,可以是文人雅士的世外桃源,也可以大有作为,耕作出一片天地。"穷则独善其身,达则兼济天下。"

一块土地,即使先天贫瘠,只要选择适合的植物,一样能够生机勃勃。何况,后天还可以改良,增进肥力,加上天时、人和,收获是肯定的。我们的孩子,每一个都是一块独特的土地,老师就是农夫,种下适合的种子,适时浇水、施肥,每块土地,都会捧出丰硕的果实。

273

嬉耕园：每天都有新风景

陈小琴

嬉耕园种植不久，但每天都有新风景。

二十六七天前，当时也就是随意一提，想把这块地承包，由四个班级认领种植。当时的构想就是一粒豆子的课程，种豆，观察，长成豆苗儿，结出豆子，做食品、榨豆浆、做豆腐……谁知，一粒豆子"蹭蹭蹭"地就长成了今天的一片园子，这种生长速度可能也只有童话故事里才能出现。这是大家种植的热情与期待创造的速度。

嬉耕园，美丽尽在一个"嬉"字。我每天去看，今天还是一片荒地，明天就种上了苗。后天多了篱笆，再后天有了稻草人，接着就有了什么涂鸦的轮胎，还有什么铃铛风车什么的，紧接着就变成了学校之外的人都羡慕的一个网红打卡地。普通的园子呈现出学生的缤纷视角，竹篱笆、曲径通幽的小路、风车通道、小兔窝、小鱼饲养瓶、轮胎花坛，处处是奇思妙想，处处是动人的故事。

我想，如果它是一个普通的种植园，我们种下来的就是瓜果蔬菜，我们收获的也就只是这些果实。

如果它是一个课程的种植园子，那么它还是停留在我上次的构想，就是一粒豆子，他可能变出豆苗、豆芽，然后根据这个节奏，我们顶多再把它做成豆浆、水煮毛豆。

但是它变成了一个游戏课程的种植园子，那就不一样了。我觉得它呈现了四个方面：

第一，它唤醒了孩子生活的热情，孩子每天都期盼着去看。

第二，它培养了一种审美情趣，因为孩子们不仅是在种，还是抱着游戏的心态玩着来种，这就发生了一个奇妙的游戏原则，产生了一个奇妙的化学反应。

第三，它溢出了思维的界限，我们真的没有想到，可能学校所有老师都没有想到，它会变得那么丰富，那么好玩。它可以不断地打破我们思维的界限，走得更远，走得更好玩，走得更曼妙。

第四，它提升了孩子的多种能力。

那么，我们具体是怎么做的呢？第一步，我们请了全国魅力班主任李晓军来给大家做讲座，然后通知所有班主任，学校有一个招标，现有四块地，然后希望八十二个班级有情怀、有热情的班主任来领地。

最初我们也就用一种玩的心态，就在班主任群里发了一个信息：恭喜四位老师成为安定最富有的人——我们有地的庄园主，赶紧来领地。

我们开始划分了，他们说要不我们搞个开工仪式，我也就请他们给每个园子取个名字，随口一说又是一个惊喜。然后四块园子就有了"东篱轩"——"采菊东篱下，悠然见南山"，又有"半亩芳园"——半亩方塘一鉴开，然后还有"青青园"——"青青园中葵"。一年级的小朋友取的"小蜜蜂园地"也很动听，乍一听好像没什么文化，但是写的词是："小蜜蜂飞过的地方，留下的是芳香和甜蜜……"恨不得把它作为整个嬉耕园园子的注脚。

然后我们进行了开耕仪式，李校长也参与了，我们就和孩子一起种苗、一起揭牌。

我觉得我们的揭牌不要那么普通，于是我们给李校长戴了朵大红花，然后李校长也很配合，当了一回群众演员，和班主任及学生代表一起去揭牌儿。哪知道就是这么一个举动，就被"如皋发布"、电视台的《民生零距离》，还有其他的几个地方平台都转发了报道。

用玩的心态去种，唤醒了孩子对生活的热情。孩子下课、午间就想去看。同时，培养了孩子们的审美情趣。我就发现孩子超出了我们成人的思维，他们没有把它当园子种，而是当园林在做。他们铺了弯弯曲曲的小路，形成了风车通道，打造了篱笆，还有那些可爱的稻草人，据说稻草人是从孩子阅读的书里"走"出来的。

园子里不仅有植物，它逐渐也能跟课堂链接，那么就能发展孩子的多种能力。

我们不禁感叹，嬉耕园确实每天都有新风景，就像《一个人的朝圣》那本名著，一开始游戏课程是校长一个人的朝圣，后来他请来专家，组织了一个教师团队，大家一起去做朝圣，最后，就如书中结尾的那句话"一个人走到最后，你终于成为了你本该成为的那个人"一样，这个园子终于成为了本该成为的园子，由瓜果种植园成为了一个游戏生态园，进而成为孩子能力生长的一个幸福的巴学园。

第四章
共戏在亲子之间

闲暇游戏

润泽儿童诗意人生 >>

1 抛沙包抓麻将

推荐人：宋漩（家长） 范欣然（学生）

游戏准备：沙包、麻将、隔音垫（或软垫）
游戏地点：家里的空桌子
游戏伙伴：我、妈妈、外婆

游戏过程

首先，玩游戏的时候一只手拿着沙包，一只手掷4个麻将。接着，将沙包抛起来，当沙包在空中的时候，赶紧用一只手去抓麻将，抓好麻将后去抓沙包，如果沙包落地、麻将抓不全或抓错就算输了，换另一个人玩。可使用计分或三局两胜的玩法。其中4个麻将掷下后会出现很多情况，每个麻将掷下后会出现正面、反面、半竖、正竖，4个麻将掷下后也会出现很多情况，如图：

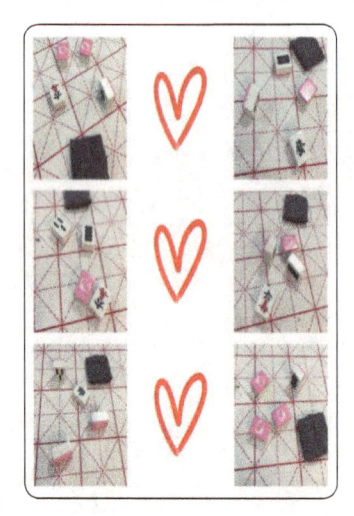

家长心声

"抛沙包抓麻将"这项亲子游戏能锻炼孩子肌肉，训练孩子手眼协调能力，培养孩子敏捷的反应能力。对于长时间低头工作者也能起到缓解疲劳的作用。这个亲子游戏不仅能增进亲子感情，还能培养孩子不畏困难的精神。

2 抓"螺"

推荐人：陆翠娟（家长） 马凡峻（学生）

游戏准备：蚕豆、锥子、针线
游戏地点：家里的空桌子
游戏伙伴：我、爸爸、妈妈、奶奶

游戏过程

准备好蚕豆和针线，将蚕豆用针线穿起来变成"螺"。把做好的"螺"撒向桌面，然后将一只"螺"抛向空中，随后立即抓起桌面上的另一只"螺"，再迅速接住抛向空中的"螺"，这样挨个将桌面上的"螺"都抓一遍，看谁抓得快，抓得多，抓得准。

家长心声

让孩子自己动手制作游戏道具，虽然孩子可能会有点笨手笨脚，但是能锻炼他的动手能力。游戏时还能培养孩子不畏失败、坚持不懈的习惯。家长带孩子一起玩，更增进了亲子感情。

| 3 | 吹乒乓球 | 推荐人：薛嫚莉（家长） 乔诗晗（学生） |

游戏准备： 乒乓球 1 只，纸杯 10 个

游戏地点： 家里的空桌子

游戏伙伴： 爸爸、妈妈、我

游戏过程

首先，用 10 个杯子装满水，紧凑地放成一列，然后在第一个纸杯上放 1 只乒乓球，游戏者站在第一个杯子前面，用嘴吹乒乓球，将乒乓球从第一个杯子依次吹到最后一个杯子中。记下每个参加者的完成时间，谁用时最短则获胜。

游戏期间如果乒乓球掉地，则从头开始，水杯中的水太少则先将水加满再进行游戏。

家长心声

此亲子游戏加深了孩子与家长之间的情感，不仅能使孩子集中注意力，还能提高孩子的肺活量，让孩子体验到游戏带来的乐趣！

4 钓"鱼"

推荐人：刘婷（家长） 袁晨瑞（学生）

游戏准备：空水瓶、笔、线绳

游戏地点：空地

游戏伙伴：我、爸爸、妈妈

游戏过程

1. 制作：用线绳的一头绑在笔的三分之二处；（笔的长度不宜过长）
2. 将绑好线绳的笔系在腰上；（线绳的长度应在参赛者的膝盖处左右）
3. 参赛者利用平衡力，缓慢地把系在腰上的笔放入瓶中；
4. 找好恰当的位置将瓶子拉起来；
5. 拉起瓶子保持平衡并同时开始计时，坚持 10 秒瓶子不掉，就算胜利。

（备注：游戏参与人员可两人或多人，也可组成小队进行比赛）

家长心声

通过这个小游戏可以增进亲子感情，也可以锻炼孩子的耐心、体力、毅力、平衡力以及不服输的精神。这个游戏工具材料简单，制作方便，占用空间小，孩子也可以用同样的方法在班里与同学们一起游戏。

5 叠杯子

推荐人：陈君君（家长）　臧柚柚（学生）

游戏准备：多个一次性纸杯
游戏地点：家里的空桌子
游戏伙伴：我、妈妈

游戏过程

游戏者用杯子一层一层往上叠，每往上一层，杯子就少一个，一直叠到最顶端只剩一个杯子为止，中途杯子掉落则接受"惩罚"。

叠完后，从顶端开始，用第一层的第一个杯子扣下层的杯子，一直扣到最后一个杯子为止，用时短者获胜。

家长心声

"叠杯子"不但能锻炼孩子的动手能力，训练手眼协调能力，培养敏捷反应能力，还能教导孩子遇到困难不要放弃，勇于面对，重新开始。

| **6** | 踩生字 | 推荐人：武艳红（家长）　杨凌越（学生） |

游戏准备： 10～20张生字卡片

游戏地点： 家里空地上

游戏伙伴： 妈妈、我

游戏过程

1. 把10～20张生字卡片，摆放成生字卡片圆圈。

2. 一名游戏者站在生字卡片圆圈中间，听口令做出反应。如：另一名游戏者说出"柳"，游戏者要快速在卡片圆圈中找出生字"柳"，并用脚踩住。

家长心声

　　这个小游戏有三个优点：第一，有助于孩子快速地记住生字；第二，有助于孩子形成活泼、开朗的性格；第三，还有助于家长和孩子之间的感情沟通。

7 穿越火线

推荐人：蒋继敏（家长） 蒋少桐（学生）

游戏准备：若干长布条
游戏地点：空旷平整的地方
游戏伙伴：我、爸爸、妈妈

游戏过程

目的：培养两个人的信任、合作精神及默契感。

要求：两人合作；需要若干长布条；要有一个比较开阔的空地。

程序：先分好组，每组2人，在空地上划分许多雷区，每组难易程度相当；用长布条蒙住每组中一人的眼睛，另一人指挥，通过雷区，不能碰线，碰线者即被淘汰。

评分：在规定的时间内，走出雷区次数最多的小组获胜。

	开始	
雷区		雷区
		雷区
	雷区	雷区
		雷区
雷区		雷区
	胜利	

家长心声

该游戏既可以锻炼孩子的探索能力，还可以提高孩子辨别方向的能力；并且可以较好地增进亲子感情，培养孩子与家长的协作能力。

8 滚铁环

推荐人：汤维伟（家长） 汤新妍（学生）

游戏准备：铁环1副
游戏地点：空旷平地
游戏伙伴：我、奶奶

游戏过程

准备：需要铁环1副；要有一个比较开阔的空地。在场地画好起点和终点，中间可以设置弯道卡点。

要求：两人或多人比赛，自己手中控制铁环手柄，看谁的铁环滚得远。到达终点用时最短的人获胜。

家长心声

滚铁环深受小朋友喜爱。滚铁环比赛有助于提高人体的平衡性、肢体的协调性以及对事物的观察力，还可以提高四肢活动能力。最重要的是孩子可以从游戏中享受运动的乐趣。

9 踢石子

推荐人：张海霞（家长） 葛张宸（学生）

游戏准备：石子
游戏地点：小区、院子、空地
游戏伙伴：我、妈妈

游戏过程

先画一个起点，然后石头剪刀布。谁赢了，单腿将石子按一定的格子和步骤向前踢一格，输的原地不动。最终谁先到达终点者为胜利。

家长心声

在游戏过程中，孩子非常感兴趣，也愿意主动参与到游戏中，且能够控制腿部的力量去踢石子，也能遵守游戏的规则。熟练之后还可以有难度的提升，让孩子有更多的挑战。

第四章 共戏在亲子之间

| 10 | 吸纸片 | 推荐人：杨水红（家长） 杨石雨（学生） |

游戏准备：吸管、纸片
游戏地点：家里的空桌子
游戏伙伴：我、妈妈

游戏过程

游戏者用吸管吸住桌上的小纸片，并运送到指定位置，注意中途纸片不能掉落，掉落的要重新吸。谁先把纸片运完即为胜利。

家长心声

这个亲子游戏可以激发孩子兴趣，又可锻炼孩子肺活量，游戏虽小，却情趣盎然。家长仿佛也回到了童年时代，体会到与孩子共同游戏的欢乐。

287

闲暇游戏
润泽儿童诗意人生 >>

| 11 | 仰卧起坐抓球 | 推荐人：蒋高鹏（家长） 蒋吴世宇（学生） |

游戏准备：篮筐2个、球（多个）、垫子
游戏地点：任何一处空地
游戏伙伴：3～4组家长和孩子

游戏过程

首先将装满球的篮筐放在垫子的一头，家长躺在垫子上，让头正好对着装满球的篮筐，孩子们坐在家长的腿上，并且将空篮筐放在身旁。随着裁判的一声令下，家长们从头顶上的篮筐里将球拿出来，通过做仰卧起坐将球递给孩子，再放入到空篮筐中，家长和孩子相互协作，在规定的时间内，抓球多的一组获胜。（完成一轮后可以交换，由孩子做仰卧起坐）

家长心声

通过"仰卧起坐抓球"这项亲子游戏，可让孩子体会到团结合作的重要性，也锻炼了身体。

第四章 共戏在亲子之间

12 搭纸牌塔

推荐人：左霞（家长） 龚玺（学生）

游戏准备：1盒扑克牌，1大张白纸
游戏地点：家里的空桌子
游戏伙伴：我、妈妈

游戏过程

刚搭到第二层，我就碰倒了所有的牌
不好意思啊妈妈

妈妈，我们来搭纸牌吧。
好哇！
妈妈小心，手轻一点。
喔，塌了，对不起啊妈妈，我的手碰到了。
好吧，前功尽弃，还玩吗？
我想再试试，是不是桌面比较滑，我们铺一张纸应该会好些。
好的，那我们继续。

妈妈，我们分开搭，看看谁的方法更好一点。
第一层好搭，越到上面越难，试试上面一层先搭中间再搭两边。
妈妈，你的头慢慢转过来看，我也搭起来了，我可不能大出气，不然会吹倒的，我要把鼻子捂住，嘴巴闭紧。
嗯，你搭得真好，你很谨慎，很仔细呀！
妈妈搭得也很好。

289

闲暇游戏
润泽儿童诗意人生 >>

> 哈哈，我们成功了，坚持就是胜利。
> 通过搭纸牌你能想到什么呢？
> 我想到了不管做什么事都会出现困难和失败，并且不止一次，我们要勇敢面对，不轻易放弃，就能战胜它。
> 你说得对，要善于思考，敢尝试，多变通。

虽然倒了很多次，我们还是成功了。

家长心声

在游戏和生活中引导孩子比单纯说教更有效。

| 13 | 斗 鸡 | 推荐人：丁惠莉（家长） 徐立行（学生） |

游戏准备： 两人或多人

游戏地点： 空旷地

游戏伙伴： 我、爸爸（或妈妈）

游戏过程

两人（或多人）双手抱住自己的脚腕，抬起跟小腿膝盖一样高，单腿站立，然后用抬起腿的部分或挑或压对方，看谁先失去平衡双脚着地，谁就输了。（可以采用三局两胜或五局三胜制）

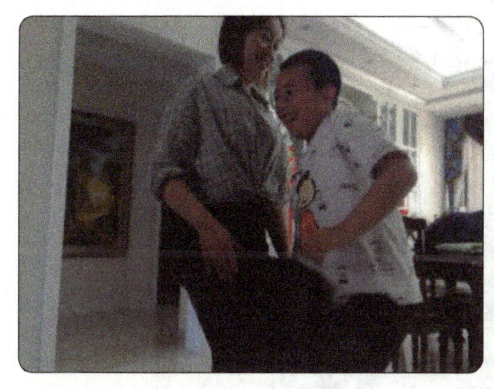

家长心声

这个游戏可以培养孩子的平衡能力，也锻炼了体力。通过这次游戏，可以看出平时要多和孩子互动，增强和孩子之间的沟通，这样孩子在以后的成长中会信心倍增，遇到困难不退缩。

闲暇游戏
润泽儿童诗意人生 >>

14 踩气球

推荐人：杨玲（家长） 施念（学生）

游戏准备： 气球若干、细绳
游戏地点： 家里的客厅
游戏伙伴： 我、爸爸、妈妈、弟弟

游戏过程

每个家庭成员都可以参加，每人发1个气球和1根细绳，各人将气球吹大绑在自己的脚腕上。游戏开始后，各人既要想办法踩爆其他人的气球，又要保护好自己的气球，气球被踩爆即被淘汰，坚持到最后的是冠军。

家长心声

游戏的过程中，作为父母的我们仿佛回到了童年，脸上还带着稚气的笑容。孩子们觉得爸爸妈妈像自己的伙伴们一样，与我们尽情玩耍，交流沟通，作为父母，我们也会一直陪伴着他们长大。

15　接弹珠

推荐人：何鹏（家长）　魏嘉成（学生）

游戏准备：弹珠若干、一次性纸杯 1 个
游戏地点：家里的空桌子
游戏伙伴：我、妈妈

游戏过程

一名游戏者拿着若干五颜六色的弹珠站在桌子的一边，另一人拿着一次性纸杯站在桌子的另一边。游戏开始，发射者将弹珠托在食指上，用大姆指抵在弹珠后面，随着拇指的推动弹射出弹珠，接收者用一次性纸杯接住算赢，反则为败。发射者可以不停地变换发球的位置、个数，接收者要集中注意力，接住球的同时，判断下一个球将要滚落的方向，移动纸杯，调整接球位置。几个球同时滚过来，需要根据球的滚动速度来判断先接哪个，真正做到"眼观六路，耳听八方"。

家长心声

简单的游戏也可以玩出新高度，从不停变换出球位置、出球个数及出球速度，至将孩子的注意力吸引，以此锻炼孩子的专注力及观察判断力，让孩子懂得看似简单的事情也需要认真对待。

16　齐心协力吃果果

推荐人：徐燕（家长）　徐煜城（学生）

游戏准备：圣女果若干、小碟子1只、遮眼布1条
游戏地点：我、爸爸、妈妈
游戏伙伴：锻炼孩子的表达能力

游戏过程

妈妈手持圣女果，站在指定位置，爸爸蒙上眼睛，背着孩子，原地转3圈，在孩子的语言提醒下，去寻找妈妈手中的果实，并用嘴吃掉果实。

游戏规则：爸爸妈妈不许发出任何声音，任何人不许用手碰果实。

家长心声

家长与孩子通过游戏活动增进相互交流，加深亲子情感，并能激发孩子和家长积极参与亲子游戏的热情。

17 你来比划我来猜

推荐人：卞玲娜（家长） 吴凌萱（学生）

游戏准备：笔记本电脑、PPT、计分板（小黑板）、计时器（手机秒表）

游戏地点：书房、客厅均可

游戏伙伴：我、爸爸、妈妈

游戏过程

1. 两人参加比赛，一个比划一个猜。

2. 另外一人做裁判计时，并监督比划的人不能说与显示词有关的任何字，不然就扣 1 分。

3. 每组 10 个词，限时 90 秒。时间到，角色互换。

4. 比划只能用肢体语言的形式向猜词者传达信息，不能说出词语中的任何字。

5. 猜不出来可以喊"过"，每轮可以有两次"过"的机会。三局两胜。

家长心声

这是个百玩不厌的游戏，不仅收获了欢乐，还培养了肢体表达能力和理解能力。孩子通过游戏学会分享，学会沟通，学会品味成功。通过这次亲子游戏，我们也增进了与孩子的沟通和交流，亲情在这里蔓延。

闲暇游戏
润泽儿童诗意人生 >>

18 两人拔河

推荐人：贾春凤（家长） 贾宗芮（学生）

游戏准备： 1 根跳绳

游戏地点： 不限

游戏伙伴： 我、妈妈

游戏过程

绳子绕过腰部，双脚选择适合自己的姿势站立，单手拽绳，游戏过程中，双脚先挪动的一方则输，另一方则赢得比赛胜利。（为了体现公平，小孩可用双手）

家长心声

此游戏能够活跃家庭气氛，让孩子放松心情，还可以从游戏中锻炼平衡力、臂力和腰部力量。

19　投壶

推荐人：魏晶晶（家长）　王魏渝然（学生）

游戏准备：筷子、空罐子
游戏地点：家里空地
游戏伙伴：我、爸爸

游戏过程

将空瓶子定位，放在适合位置，游戏者各拿8支筷子，通过猜拳的方式决定由谁先投。第一轮上半场一人先开始投掷4次，另一人再投掷4次；第二轮再分别投掷；最后进行数据统计，投进次数多的人获胜！

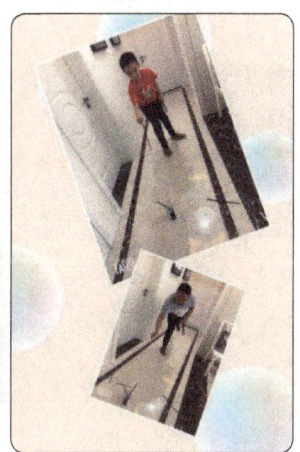

家长心声

投壶游戏不仅锻炼了孩子的专注力和对时间、空间的判断力，还能让孩子了解到中华民族的相关传统文化，更能在游戏过程中加深亲子感情，懂得了人与人之间应互相谦让。这个游戏道具简单，以后可以经常练习。

| 20 | 滑索飞球 | 推荐人：石小莉（家长） 杨佳其（学生） |

游戏准备：绳子、乒乓球、几个大小不一的圆筒

游戏地点：家中

游戏伙伴：我、妈妈

游戏过程

1. 将绳子对折套在椅子上或桌角上，圆筒按一定距离摆放在地上。

2. 两手将绳子绷直，乒乓球放在绳子上，调整绳子高度和宽度，瞄准时机，让乒乓球落入筒里。

3. 在规定时间内，乒乓球落入筒内次数多的人获胜。

家长心声

通过此类游戏，可以锻炼孩子的动手能力、观察力和耐心，适合作为一天学习后的放松小游戏。

21 绑腿跑（两人三足）

推荐人：缪云凤（家长） 祁琳（学生）

游戏准备：长布条若干根
游戏地点：家里的空旷处或是小广场
游戏伙伴：爸爸、妈妈、我、姐姐

游戏过程

游戏规则：两个人一组，把相邻的两条腿绑在一起，也就是一人出右脚，另一个人出左脚。比赛开始之后，两人同时从起点向终点走去，几组同时出发，哪组用时最短则获胜。

犯规规则：1. 起跑时，队伍中任意一名队员在起跑令发出之前越过起跑线都视为违规起跑，必须在全队退回起跑线后重新起跑，若犯规两次，则取消成绩。

2. 比赛途中，若细绳分离或队员摔倒，必须在分离或摔倒地点重新结队后开始起跑，其间不停表，重新结队的时间也算在总成绩中。

家长心声

这个小游戏很锻炼两人的默契，并且双方需要沟通交流好游戏中的应对方法，此类游戏很适合培养亲子感情。

22 指尖上的足球

推荐人：王平（家长） 高昊（学生）

游戏准备：水彩笔或马克笔、剪纸小人、小足球（或乒乓球）、硬纸板
游戏地点：家中
游戏伙伴：奶奶、妈妈、妹妹、我

游戏过程

准备一个较大的空纸箱作为比赛场所，在纸箱底板上画出模拟足球场，把做好的剪纸小人套在手指上，以手指代替脚进行足球赛。

家长心声

此游戏可以锻炼孩子手指的灵活度以及对事物的思考力，同时也需要孩子认真观察。这个游戏对孩子有大大的益处，我们在陪伴孩子玩耍的同时也获得了快乐。

23 成语接龙

推荐人：胡露露（家长） 陈欣怡（学生）

游戏准备：塑料瓶
游戏地点：家里
游戏伙伴：我、妈妈

游戏过程

1. 妈妈将塑料瓶摆在桌子中间，转动塑料瓶，转到谁谁说一个成语，说不出来会被惩罚转10圈。

2. 两人进行画画比赛，一幅画要配上一个成语，要生动形象。

3. 两人轮流说成语，必须以上一个人说的最后一个字开头。

家长心声

对孩子而言，学习成语可能很乏味，但也可以变有趣。让孩子在玩中学，枯燥的成语学习也能变得很有趣。

24 谁是表情管理师

推荐人：秦岳梅（家长） 陈可菡（学生）

游戏准备：2个装了水的杯子、2把椅子、毛巾
游戏地点：家里客厅
游戏伙伴：我、妈妈

游戏过程

我和妈妈面对面坐在椅子上，两人嘴里各含一口水，以各种表情、动作逗对方笑，谁先笑了水就会喷到对方脸上，即为输。（喷到了就用毛巾擦）

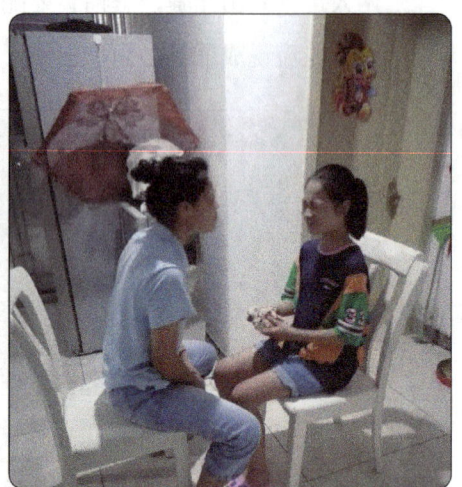

家长心声

这个游戏很适合休息在家陪孩子玩，这样既能让孩子变得幽默风趣，又能从中获得欢乐，释放压力。

25　上下左右

推荐人：丁洁（家长）　丁曾鑫（学生）

游戏准备：1根小木棍

游戏地点：家里的一块空地

游戏伙伴：我、妈妈

游戏过程

一人用木棍随手指向上下左右四个方向，对方所完成的方向必须跟所指方向相反，看谁坚持的时间最长，就获胜。

家长心声

这个亲子游戏不仅能锻炼反应速度，而且更加拉近了母子之间的亲密度，还能从游戏中得到乐趣，永远玩不腻。

26　大眼瞪小眼

推荐人：马蓓蕾（家长）　黄梓清（学生）

游戏准备：糖果
游戏地点：家里书房
游戏伙伴：我、爸爸、妈妈、弟弟

游戏过程

双方互相用眼睛瞪着对方，嘴巴不能出声，但是可以做出各种表情和动作来逗对方笑。谁先笑了，谁就输了。输的人就要给赢的人准备糖果。

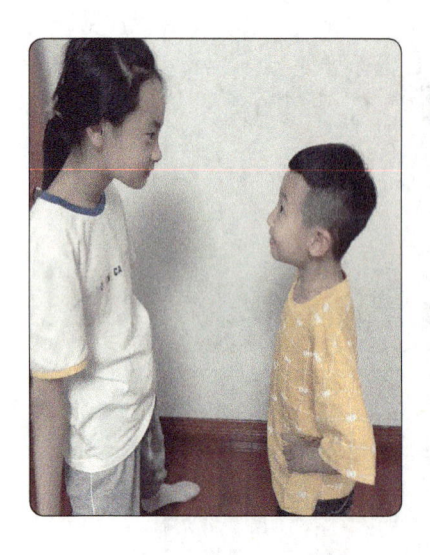

家长心声

作为父母，我们很庆幸能一直陪伴及见证孩子的成长。也许有时候我们太严厉了，以至于刚开始一本正经的样子没法逗孩子笑，后来我们挤眉弄眼，各种表情终于让孩子们开怀大笑。虽然这个游戏时间很短，但却大大增进了我们之间的感情。

27 夹球接力赛

推荐人：顾亚琴（家长）　王柄钦（学生）

游戏准备：2个篮球

游戏地点：空地

游戏伙伴：我、爸爸、妈妈、爷爷

游戏过程

两人一组，站在约10米距离的地方。一人先用腿夹着球向前跳，跳到另一个人旁，把球传给他，他再跳回来。先到达终点的一方获胜。

家长心声

我觉得这个亲子游戏挺不错的，它不仅能锻炼身体，还增加了亲子之间的感情，让家庭氛围更加融洽。

| 28 | 哪吒寻宝 | 推荐人：张小丽（家长） 张可馨（学生） |

游戏准备：经过装饰的报纸团、玩具篓、蓝皱纸
游戏地点：家里
游戏伙伴：我、爸爸、妈妈

游戏过程

可以有几个家庭同时参加。妈妈手举玩具篓站在场地一端，学生扮成小哪吒，由爸爸从后面抱着腰部，站在场地另一端，中间有"海浪"间隔。主持人发令后，爸爸和小哪吒跑至"海浪"边，在"海中"寻找"宝贝"（报纸团）。每找到一个就往妈妈的玩具篓中扔，直至主持人说停，哪个家庭的玩具篓中的"宝贝"多为胜！

家长心声

家长和孩子一起玩，玩时能与孩子更好地交流。这样简单的游戏能使孩子对自己更加自信。

| 29 | 抢板凳 | 推荐人：周杨（家长） 张潇文（学生） |

游戏准备： 板凳1张、拍拍手1个
游戏地点： 家里客厅或空旷地方
游戏伙伴： 我、爸爸、妈妈

游戏过程

在家里客厅或是空旷的地方放上一张板凳，划定行动区域路线，指定一人充当裁判员，其余两人分别站在板凳的两侧。听到拍拍手响起后，在规定的区域内开始转圈，两人目光朝前，不得低头看板凳，当拍拍手响声结束时迅速抢占板凳，完全坐在板凳上的人获胜。

家长心声

这个游戏不仅能训练人的反应能力，还有利于增进家长和孩子之间的情感交流。

| 30 | 挑花绳 | 推荐人：张颖颖（家长） 朱乐潇（学生） |

游戏准备：1根绳子

游戏地点：家里

游戏伙伴：我、爸爸、妈妈

游戏过程

将绳子打结，双手勾绕成规定初始状态，一人以手指将绳圈编成一种花样，另一人用手指接过来，翻成不同的花样，相互交替，直到一方不能再翻下去为止。双方既协作，又竞争，是非常适合亲子间玩的游戏项目。

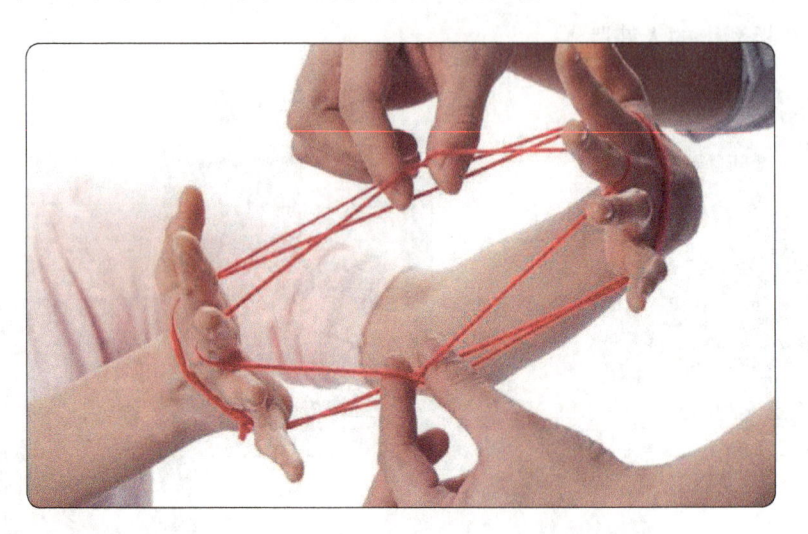

家长心声

该游戏道具简单，不受场地约束，能锻炼手眼协调能力，培养竞争协作意识。此游戏能让孩子远离手机等电子产品，放松心情。